Anonymous

Die Privat-Heilanstalten, Privat-Kliniken und Pflege-Anstalten Deutschlands,

Österreichs und der Schweiz

Anonymous

Die Privat-Heilanstalten, Privat-Kliniken und Pflege-Anstalten Deutschlands,
Österreichs und der Schweiz

ISBN/EAN: 9783743411678

Hergestellt in Europa, USA, Kanada, Australien, Japan

Cover: Foto ©ninafisch / pixelio.de

Manufactured and distributed by brebook publishing software (www.brebook.com)

Anonymous

Die Privat-Heilanstalten, Privat-Kliniken und Pflege-Anstalten Deutschlands,

Vorwort.

Die über Erwarten günstige Aufnahme, welcher sich das in meinem Verlage erschienene Buch «Die Brunnen- und Bade-Orte, Seebäder und klimatischen Kurorte Deutschlands etc.» zu erfreuen hat — es sind bereits 14 Auflagen von dem genannten Werke erschienen — veranlafste mich, gleichsam als Ergänzung dazu das vorliegende neue Bändchen herauszugeben.

Bei dem Mangel an statistischem Material betreffs der Privat-Heilanstalten und bei der Schwierigkeit, auf privatem Wege die nötigen Unterlagen herbeizuschaffen, erhebt das vorliegende Buch auch in der zweiten Auflage keinen Anspruch auf Vollständigkeit; es bildet aber hoffentlich eine brauchbare Grundlage, die von Jahr zu Jahr immer mehr Genauigkeit und Vollständigkeit erhalten wird.

So wird dieses Buch das geeignetste Mittel sein, die Einrichtungen, Vorzüge, Eigentümlichkeiten, Aufnahmebedingungen und die im voraus festzustellenden Preise in den einzelnen Anstalten zur allgemeinen Kenntnis der Ärzte wie zur öffentlichen Kenntnis zu bringen.

Die Notizen über eine Anstalt, welche dieselbe gegen Zahlung des üblichen Insertionspreises zu veröffentlichen wünschte, wurden der gröfseren Übersichtlichkeit halber gleich im Text des Buches mit aufgenommen.

Das Unternehmen wird sich in der Gunst der Ärzte wie des grofsen Publikums immer mehr befestigen, je vollständiger die Besitzer von Privat-Heilanstalten ihre Bekanntmachungen für dieses alljährlich neu erscheinende Buch einsenden. Auf diese Weise wird dasselbe zu einem Sammelpunkt für derartige Bekanntmachungen und Mitteilungen werden, der jedem Interessenten leicht zugänglich ist.

Berlin W., Köthenerstr. 32.

Albert Goldschmidt,
Verlags-Buchhändler.

Systematisches Orts-Verzeichnis.

Bei den durch den Druck hervorgehobenen Namen findet man auf der betreffenden Seite hinter der redaktionellen Aufführung besondere Angaben der Anstalt.

1. Heilanstalten für Nerven- und Gemütskranke
(zum Teil mit Ausschluss von Geisteskranken).

	Seite		Seite
Arweiler	1	Ermatingen	30
Altnau	2	Friedrichroda	32
Aussee	5	**St. Gilgenberg**	33
Baden-Baden (3)	6	**Görlitz (1)**	36
Ballenstedt	6	Graz	37
Bendorf	7	Halle (3)	37
Berg	7	Hamburg (4)	38
Bergquell-Frauendorf	7	**Harzburg (1)**	39
Berlin (13)	9	**Hildesheim**	39
Berlin (30)	11	**Hohenwestedt**	39
Berlin (34)	11	**Horn**	40
Berlin (44)	12	Jena (1)	41
Berlin (50)	13	Ilmenau	41
Berlin (66)	14	Ilsenburg	41
Berlin (68)	15	**Johannisberg**	41
Berlin (70)	15	Königsbrunn	44
Berlin (75)	15	Konstanz (1)	44
Berlin (76)	15	Kowanowko	45
Blankenburg a. H. (1)	16	**Kreischa**	45
Blankenburg a. H. (2)	16	Kreuzlingen	46
Blankenburg (Thür.)	16	**Laichingen**	47
Bonn (1)	18	Lauban	48
Boppard	18	Lichterfelde	50
Brestenberg	21	**Liebenstein**	50
Burtscheid	22	Lobenstein	51
Buttelstedt	22	Marbach	52
Canstatt	23	Marburg	52
Charlottenburg (1)	23	**Markdorf**	52
Coswig	24	Neuveville	56
Döbling	26	**Neuwittelsbach**	56
Eitorf	29	Niederlößnitz (1)	56
Endenich	30	**Niederlößnitz (2)**	56

Niederwalluf	57	Spiez	68
Obernigk (1)	57	Stammheim	1
Obernigk (2)	57	Steglitz (2)	68
Pankow (2)	58	Suderode	61
Pfullingen	59	Taarstedt	70
Pirna	59	Teinach	-
Reinbek	61	Thorandt	70
Kellingen	62	Triberg	71
Rockwinkel	62	Urach (2)	71
Sayn	63	Wernigerode (1)	72
Schöneberg	65	Wiesbaden (2)	73
Seehof	66	Wiesbaden (4)	73
Siegmar	66	Wilhelmshöhe (2)	73
Sommerstein	67	Ziegenhals	75

2. Heil- und Pflege-Anstalten für Geisteskranke.

Amelsbüren	3	Ludwigsburg (2)	51
Bernau	15	Münchenbuchsee	54
Blasewitz (3)	17	Neuveville	56
Charlottenburg (2)	24	Pankow (1)	58
Döbling	26	Pankow (2)	58
Dresden (7)	27	Paterswalde	58
Fellbach	31	Popelwitz	1
Holzkamp	40	Schinznach	64
Keuschberg	43	Schleswig (2)	64
Köln (1)	44	Schönenberg	65
Langendiebach	47	Schorndorf	65
Langenhagen	47	Steglitz (1)	68
Lankwitz	48	Telgte	70
Lawsken	48	Wilmersdorf	74

3. Heilanstalten für Idiotie, Schwachsinn, Epilepsie etc.

Alsterdorf	2	Obernigk (3)	57
Aue	4	Paterswalde	58
Blasewitz (3)	17	Pfingstweide	59
Breslau (S)	20	Polsingen	59
Dorsten	26	Regensberg	60
Dresden (7)	27	Rotenburg	62
Gemünden	33	Scheuern	64
Idstein	40	Schleswig (1)	64
Langenhagen	47	Schreiberhau	65
Leschnitz	50	Siegmar	66
Neinstedt	55	Stetten	68
Neuendettelsau	55	Zürich (2)	70

Systematisches Orts-Verzeichnis. VII

4. Wasserheilanstalten (oft verbunden mit Heilgymnastik, Massage und Elektrizität).

	Seite		Seite
Aigle	1	Kaltenleutgeben (2)	42
Albisbrunn	1	Kissingen (2)	43
Alexandersbad	1	Königsbrunn	44
Augustusbad	5	Königstein	44
Aussee	5	Kowanowko	45
Baden-Baden (3)	6	**Kreischa**	45
Baden bei Wien	6	Kreuzen	46
Benfeld	7	Landeck	47
Berlin (71)	15	Laubbach	48
Blasewitz (4)	17	**Liebenstein**	50
Boppard	18	Lobenstein	51
Brunnthal	21	Mammern	52
Buchenthal	21	**Meran**	52
Eckerberg	28	Michelstadt	53
Eggenberg	28	**Nassau** (1)	54
Eichwald	28	**Obernigk** (1)	57
Eisenach (1)	28	Oravicza	58
Elgersburg (1)	29	Priefsnitzthal	60
Elgersburg (2)	30	St. Radegund	60
Ernsdorf-Jaworze	30	Schöneck	65
Feldberg	31	**Schweizermühle**	65
Frohnleiten	32	**Seehof**	66
Geltschberg	32	**Sigmaringen**	67
Genf	33	Sonneberg	67
Godesberg	34	**Suderode**	69
Hangenbieten	38	Thalkirchen	70
Harzburg (2)	39	Wernigerode (2)	72
Hofheim	39	Wiesbaden (5)	73
Homburg (1)	40	Wilhelmshöhe (1)	74
Immenstadt	41	Wolfsanger	74
Jordanbad	42	**Ziegenhals**	75
Kaltenleutgeben (1)	42		

5. Heilanstalten für Brust- und Lungenkranke.

Altenbrak	2	Dillenburg	26
St. Andreasberg	4	**Falkenstein**	31
Arosa	4	Fridau	32
Baden-Baden (4)	6	**Görbersdorf** (1)	34
Badenweiler	6	**Görbersdorf** (2)	35
Berka	8	Inselbad	41
Berlin (33)	11	**Kissingen** (1)	43
Berlin (72)	15	Neu-Schmecks	56
Blankenhain	17	Rehburg	61
St. Blasien	18	**Reiboldsgrün**	61

6. Heilanstalten für chirurgisch zu behandelnde Kranke.

	Seite		Seite
Aidenbach	1	Friedland	32
Altona (2)	2	Glogau	34
Berlin (2)	8	Halle (1)	37
Berlin (5)	8	Halle (2)	37
Berlin (18)	10	Hamburg (4)	38
Berlin (22)	10	Hořička	40
Berlin (35)	11	Hradzen	40
Berlin (43)	12	Jena (1)	41
Berlin (59)	13	Karlsruhe (2)	42
Berlin (63)	14	Karlsruhe (3)	42
Berlin (64)	14	Krefeld (2)	45
Berlin (73)	15	Kulm	40
Berlin (76)	15	Leipzig (3)	48
Bredow	19	Leipzig (4)	49
Bremen (2)	19	Leipzig (5)	49
Bremen (3)	19	Leipzig (9)	49
Breslau (4)	20	**Leipzig** (10)	49
Breslau (6)	20	Magdeburg (2)	51
Coburg	24	Marburg	52
Cöslin (2)	24	**Minden**	53
Cottbus	25	Stuttgart (2)	69
Darmstadt (1)	25	Stuttgart (5)	69
Dresden (3)	26	Stuttgart (7)	69
Essen	30	**Thorn**	71
Frankfurt a. M. (3)	31		

7. Heilanstalten für Frauenkrankheiten.
(Siehe auch die Heilanstalten für chirurgisch zu behandelnde Kranke.)

Altona (2)	2	Bochum	18
Altona (3)	3	**Bredow**	19
Baden-Baden (1)	5	**Bremen** (2)	19
Berg	7	Breslau (3)	20
Berlin (1)	8	Chemnitz (2)	24
Berlin (3)	8	Coburg	24
Berlin (11)	9	**Cottbus**	25
Berlin (15)	9	Darmstadt (2)	25
Berlin (21)	10	**Dresden** (2)	26
Berlin (36)	12	**Dresden** (3)	26
Berlin (42)	12	Düsseldorf	28
Berlin (67)	15	Erfurt	30
Berlin (69)	15	**Frankfurt a. M.** (1)	31
Berlin (70)	15	Gera (2)	33

Systematisches Orts-Verzeichnis.

	Seite		Seite
Görlitz (4)	36	Magdeburg (1)	51
Görlitz (5)	37	**Magdeburg (3)**	51
Hamburg (1)	38	**Markdorf**	52
Harzburg (1)	39	**Mühlhausen**	53
Karlsruhe (1)	42	**Posen** (1)	60
Karlsruhe (2)	42	Pyrmont	60
Königsberg	44	Salzdetfurth (2)	62
Kulm	46	**Seehof**	66
Leipzig (2)	48	Stettin (2)	68
Leipzig (3)	48	Stuttgart (5)	69
Leipzig (7)	49	Stuttgart (6)	69
Leipzig (8)	49	**Teinach**	70
Leipzig (10)	49	**Thorn**	71
Lobenstein	51	Wiesbaden (6)	73

8. Heilanstalten für Augenkrankheiten.

Aidenbach	1	Gleiwitz	34
Altona (1)	2	Glogau	34
Augsburg (1)	4	Görlitz (2)	36
Augsburg (2)	4	**Görlitz** (3)	36
Baden-Baden (2)	6	Graz	37
Barmen (1)	7	Halberstadt	37
Barmen (2)	7	Hamburg (4)	38
Berlin (9)	9	Hannover	38
Berlin (10)	9	Königsberg (2)	44
Berlin (20)	10	Konstanz (2)	44
Berlin (23)	10	Krefeld (1)	45
Berlin (26)	11	**Leipzig** (3)	48
Berlin (46)	12	Liegnitz	51
Berlin (56)	13	Ludwigsburg (1)	51
Berlin (57)	13	Mainz	51
Berlin (61)	14	Meiningen	52
Bielefeld (1)	16	Metz	53
Bielefeld (2)	16	**Minden**	53
Bremen (1)	19	**Mülhausen i. Els.**	53
Breslau (1)	20	Posen (2)	60
Breslau (2)	20	Regensburg	61
Breslau (7)	20	Remscheid	62
Bromberg	21	Saarbrücken	62
Cöslin (1)	24	Stettin (1)	68
Danzig	25	**Stettin** (3)	68
Darmstadt (2)	25	Stuttgart (1)	69
Dortmund	26	Stuttgart (4)	69
Dresden (1)	26	Ulm	71
Friedland	32	**Zittau**	75
Gera (1)	33		

9. Heilanstalten für Hals-, Nasen- und Ohren-Krankheiten.

Altona (1) 2
Badenweiler . . . 6
Berlin (10) 9
Berlin (16) 10
Berlin (19) 10
Berlin (24) 11
Berlin (25) 11
Berlin (32) 11
Berlin (33) 11
Berlin (38) 12
Berlin (39) 12
Berlin (40) 12
Berlin (54) 13
Berlin (58) 13

Berlin (72) 15
Blankenhain . . . 17
Dresden (5) 27
Elbing 29
Frankfurt a. M. (2) . 31
Gleiwitz 33
Jena (2) 41
Inselbad 41
Kissingen (1) . . 43
Leipzig (1) . . . 45
Niederlofsnitz (1) 56
Remscheid . . . 62
Wiesbaden (1) . . 72

10. Heilanstalten für Zahn- und Mund-Krankheiten.

Berlin (10) 9
Berlin (19) 10
Berlin (38) 12
Berlin (41) 12

Berlin (51) 13
Berlin (55) 13
Berlin (65) 14
Berlin (74) 15

11. Orthopädische Anstalten und Anstalten für Heilgymnastik, Massage etc. (Siehe auch Wasserheilanstalten)

Baden bei Wien . . . 6
Berlin (2) 8
Berlin (14) 9
Berlin (47) 12
Berlin (60) 14
Berlin (76) 15
Blasewitz (4) . . . 17
Boppard 18
Breslau (5) 20
Dessau 25
Dresden (6) 27
Frankfurt a. M. (4) . . 32

Halle (1) 37
Halle (2) 37
Homburg (1) . . . 40
Münster 54
Seehof 66
Stuer 66
Stuttgart (3) . . . 69
Wiesbaden (8) . . 73
Würzburg 74
Zürich (1) 76
Zürich (4) 76

12. Heilanstalten für verschiedene Krankheiten.

St. Andreasberg . . . 4
Arosa 4
Afsmannshausen . . . 4
Baden-Baden (3) . . 6
Berlin (7) 8
Berlin (14) 9
Berlin (17) 10

Berlin (34) 11
Berlin (38) 12
Berlin (53) 13
Berlin (60) 14
Blasewitz (2) . . . 17
Burtscheid 22
Darmstadt (2) . . . 25

	Seite		Seite
Dresden (4)	27	Nenndorf	55
Gurnigel	37	Neurakoczy	55
Hamburg (2)	38	Niederlöfsnitz (2)	56
Heidelberg	39	Salzhemmendorf	63
Homburg (2)	40	Sommerstein	67
Jena (1)	41	Teinach	71
Ilsenburg	41	Urach (1)	71
Itzehoe	42	Waldau	71
Koblenz	44	Wiesbaden (1)	72
Kochel	44	Wiesbaden (2)	72
Kreuznach	46	Wiesbaden (3)	73
Marbach	52	Wilhelmshöhe (2)	73

13. Heilanstalten für Vergiftungen, Morphiumsucht, Trunksucht etc.

Andelfingen	3	Leipe	48
Baden-Baden (3)	6	Nenndorf	55
Blankenburg (Thür.)	16	Pankow (2)	58
Bonn (1)	18	Schöneberg	65
Boppard	18	Wernigerode (1)	72
Johannisberg	41	Wiesbaden (7)	73
Klein-Drenzig	43		

14. Heilanstalten für Verdauungsleiden.

Aussee	5	Niederwalluf	57
Berlin (68)	15	Obernigk (1)	57
Brestenberg	20	Sommerstein	67
Kissingen (3)	43	Wiesbaden (1)	72
Neuwittelsbach	56	Ziegenhals	75
Niederlofsnitz (1)	56	Zürich (4)	76
Niederlöfsnitz (2)	56		

15. Heilanstalten für Hautkrankheiten.

Berlin (4)	8	Dresden (4)	27
Berlin (6)	8	Elberfeld	26
Berlin (29)	11	Hamburg (3)	38
Berlin (31)	11	Hamburg (4)	38
Berlin (37)	12	Kreuznach	46
Berlin (52)	13	Leipzig (6)	49
Berlin (53)	13	Leipzig (11)	50
Berlin (70)	15	Magdeburg (2)	51
Blasewitz (2)	17	Salzhemmendorf	63
Canstatt	23	Ziegenhals	75

16. Natur-Heilanstalten.

Berlin (8)	9	Oberwaid	58
Berthelsdorf	16	Weifser Hirsch	71
Chemnitz (1)	24	Wiesenbad	73

17. Homöopathische Heilanstalten.

Berlin (27) . . . . 11 München (1) . . . 54
Köthen 45

18. Heilanstalten für Sprachkrankheiten.

Andelfingen 3   Eisenach (2) 28
Berlin (12) 9   München (2) 54
Berlin (49) . . . . 13 Wien 72
Blasewitz (1) . . . 17

19. Heilanstalten für Taubstumme.

Wilhelmsdorf . . . . 73 Winnenden 74

20. Heilanstalten für Rekonvalescenten, Erholungsbedürftige (s. auch Wasserheilanstalten).

Altenbrak 2   Heidelberg 39
Arosa 4   Homburg (2) . . . 42
Aussee 5   Koblenz 44
Bergzabern 8   Köln (2) 44
Blankenburg a. H. (1) . 16 Kreischa 45
Eitorf 29   Obernigk (3) . . . 57
Fridau 32   Seehof 59
Gleisweiler 34   Suderode 60
Goslar 37   Tharandt 70
Hamburg (4) 38   Wilhelmshöhe (2) . 74

21. Heilanstalten für Kinder.

Aegerisee 1   Gr.-Müritz 54
Berlin (28) 11   Norderney 57
Berlin (45) 12   Rothenfelde . . . 62
Darmstadt (2) . . . 25   Salzdetfurth (1) . 62
Frankenhausen . . . 31   Salzdetfurth (2) . 62
Freiburg i. Baden . 32   Sassendorf 63
Kissingen (4) . . . 43   Wyk 75
Kösen 45   Zoppot 75
Leipzig (2) 48   Zürich (3) 76

22. Institute für Vaccination.

Berlin (48) 12

Namen-Register.

Name	Seite	Name	Seite	Name	Seite
Dr. Anca	28	Dr. Birnbacher, Prof.	37	Dr. Christoph	26
» Arendt	8	» Blaschko	8	» Clausen, S.-R.	42
» Arntz	16	» Boeckmann	53	» Coën	72
» Aschenbach, San.-R.	51	Frhr. v. Bockum-Dolffs	63	» Cohn, Prof.	20
» Auerbach	2	Dr. Böhm	73	» Cuntz	73
» Augstein	21	» Bornemann	72	» Czempin	9
» Averbeck	48	Borsinger	65	Dr. Damm	73
Baltz	22	Borst, Wwe.	71	Denhardt	17
Bardey	19	Bräuninger	68	Denhardt	28
Dr. Barwinski, San.-R.	29	Dr. Brauns	73	Dr. Dettweiler Geh. San.-R.	30
» Bauer	24	» Brecher	28	» Dieckmann	30
Bauer, Fr.	43	» Brehmer	34	» Dietlen	55
Dr. Baumgärtner	5	Breithaupt	1	» Dietlen	59
» Bäumler	37	Breithaupt	40	» Dietrich	29
» Bayerl	1	Dr. Brenneckel	51	» Dietz	43
Beck, Pfarrer	43	» Brenssel	74	» Dinkelacker	2
Dr. Beely	8	» Bridler	2	» Dreßler	67
» Behm	8	» Brieger, Prof.	8	» Dreyer	30
» Behrend	8	Brook	9	» Driver	61
» Behrendt	63	Dr. Brosius	7	» Dürr, San.-R.	38
» Benkiser	42	» Brügelmann	41	Dr. Eckebrecht	45
» Berchholtz, Geh San.-R.	15	» Brunhuber	61	» Edel	23
Berger	16	Büdingen	72	» v. Ehrenwall	1
Dr. v. Bergmann, Geh. Rat, Professor	8	Dr. Burckhardt	19	» Eichhoff	29
» Betke	19	» Burger	56	» Eicke	60
» Bielefeld	7	» Burkart	44	» Emmel	42
» Bindseil	16	Dr. Calaminus	47	Engelhard	51
» Binswanger, Prof.	41	» Camerer	71	Dr. Engelken	62
		» Carsten	10	» Erfurth	31
		» Casper	9	Erismann	21
		» Cholewa	9	Ernst	9
		» Christen	32	Dr. Eulenburg, Prof.	9

Jacobs	18	Dr. Gottschalk	31	Dr. Heyson		
Lac	55	= Graf, San.-R.	31	Heyder	49	
Lawer	9	= Grasemann	33	Heymann	11	
Lsselein	16	= Greveler	74	Hicke	24	
Dr. **F**alco	33	= Grimm,		Dr. Hirschberg	11	
Faulhaber	74	Kais. Rat	32	= Hirschmann	62	
Dr. Fenner	39	= Groehtmann	74	= Hoffa	74	
Fischer	26	Guse	15	= Hoffenreich	58	
Fischer	44	Dr. Güterbock,		v. Hoffmann	6	
Haischlen	9	Med.-R.	10	Hofmann	7	
Flamm, Hofr.	59	Gutknecht	24	Dr. Hohnhorst	22	
Flatau	10	Gutmann	10	Hollenmayer	67	
Fleischhanderl	46	= Gutsch	42	Honorius	44	
Flemming	17	Dr. **H**aas	4	Dr. v. Horing,		
Fliess	10	= Haas	28	Geh. Hofr.	51	
Flinzer,		Haas, P.	65	Horny	64	
Med.-R.	67	Dr. Habermaas	68	Dr. Hoesch	11	
Floel	24	= Hagen, Prof.	48	= v. Hoesslin	56	
Florian	75	Hahn, Pastor	48	= Hoestermann	18	
Foerster,		Hankel	31	Hüffer	54	
Geh. Med.-R.,		Dr. Happel	53	Dr. Hühnerfauth	49	
Prof.	20	= Harder	68	= Hürlimann	1	
Foerster	17	Härtelt	71	Dr. **J**aeckel	24	
Dr. Frank	10	Hartmann	11	Jacoby	63	
= Fraenkel	20	Hassenstein	41	Dr. Jacubasch	4	
Fraenkel	68	Haufe	18	= Janicki	11	
Frenkel	40	= Haupt	70	= Jaquet		
Friedmann	17	= Hecker	42	San.-R.	15	
Fritsche	10	= Heidenhain	24	= Jastrowitz	65	
Fröhlich	10	= Heimann	24	Jentsch	48	
Gantz	48	Hellmann, S.-R.	37	Dr. Ihle	59	
Dr. Geisseler	66	Dr. Henning,		= Incichen	75	
Gellrich	57	Prof.	48	Joseph	11	
Gentner	54	= Hennings	61	= Isermeyer	62	
Dr. Gerber	34	Herberich	33	= Ising	43	
= Gerber	75	Dr. Herde	64	Dr. **K**aatzer	61	
Gerhardt	65	= Hermann	46	= Kadner	56	
Giesberg	74	= Hersing	53	= Kahlbaum	36	
Dr. Gilbert	6	= Hertzka	42	= Kaphengst	73	
Gilles	44	= Herwig	4	= Kaess	39	
Glage	48	Herwig	4	= Kauffmann	71	
Dr. Glaser	54	Dr. Hess	65	= Keller	51	
= Glatz	33	= Hesse,		= Kellner	2	
Goldstein	50	San.-R.	50	Kersten	11	
Gottschalk	10	= Heuer	49	Dr. Kessel Prof.	41	

Namen-Register.

	Seite		Seite		Seite
Dr. Klemperer	11	Dr. Landsberg	68	Dr. Meyer	5
= Kleudgen	57	= Lange	22	= Meyer	29
Klinsmann	11	= Lassar	12	= Meyer	63
Dr. Klotz	26	Lauckner	66	Meyer, B.	41
= Klüpfel	71	Dr. Lehr	73	Meyer, P.	52
Kobelt, Pastor	55	Le Maistre	6	Meyer, Fabrikant	63
Kober	75	Lembke	42	Dr. Meyerhausen	65
Koch	31	Dr. Leser	37	= Meyhöfer	37
Dr. Köck	54	= Freiherr		= Michelsen	73
= Kolb	25	v Lesser	49	= v.Mittelstaedt	53
Kolle	60	= Lesser	49	= Mittenzweig	
Koelle	75	= Lefshafft	37	San.-R.	58
Dr. Kollicker	49	Leuze	7	Mohr	29
= Kollmann	6	Dr. Levinstein,		Dr. Moll	9
= Köllner	28	Geh.-R.	65	= Morian	30
= Königshöfer	69	= Leydhecker	25	= de la Motte	70
= Köstein	69	= Leyser	71	= Müller,	
= Kothe	32	Liewald	38	San-R.	16
Kottmeier	62	Dr. Lilienfeld	50	= Müller	1
Dr. Kowalski	30	= Linhart	40	= Müller-Pauly	46
= v. Krafft-		Lipschitz	12	= Münch	21
Ebing, Prof.	37	Liskow	67	= Munter	15
= Krakauer	11	Dr. Löffler	45	= Münster, Prof.	44
= Kramer	34	= Loh	57	= Münzel	39
= Krause, Prof.	11	= Löhlein	15	= v. Muralt	75
= Krauss	52	= Lommel	40	= Mützenberg-	
Krauss	51	= Lowe	12	Escher	68
Dr. Kretschmer	51	= Lublinski	12	Dr. Naegeli	30
Krewel	34	= Lüning	75	= Neisser	12
Dr. Krogh	39	Lustig	12	= Neumann	12
= Kroll	45	Dr. Lutze	45	Neumann	27
= Krönig	11	Dr. Maienfisch	52	Dr. Nöldechen	
Kübler	48	= Majer	47	San.-R.	48
Kuhn	22	Malten	17	= Noodt	38
Dr. Küster, Prof.	11	Dr. v. Mangoldt	26	= Novy	10
= Kutik	40	= Martin	12	Dr. Oebeke,	
= Kuznitzky	20	= Martin	51	San.-R.	30
Dr. Lachmann	31	= Mayer	65	= Oberländer	27
= Lahmann	71	= Maylaender,		= Oberst, Prof.	38
= Labusen	21	Geh.-R.	12	= Obersteiner,	
Lamm	66	= Mendel, Prof.	58	Prof.	26
Dr. Landau	12	= Menthe	68	= Ofterdinger	62
= Landerer,		= Menzel	37	= Oliven	68
Prof.	49	= Mettenheimer,		= v. Orelli	68
= Landsberg	36	Geh.Med.-R.	54	= Oestreicher	7

Namen-Register.

	Seite		Seite		Seite
Dr. Ostwalt	12	Dr. Rosenthal	13	Dr. v. Schulthess-Rechberg	75
Overheu	12	≈ Rosenthal	63	Schüssler	19
Dr. Palmgreen	25	≈ Rossbach, Prof.	41	Schuster	22
≈ Pavavicini	1	≈ Roth, Med.-R.	69	Schütz	14
Paschen	25	≈ Rückert	75	Schweigger, Geh.-R. Prof.	14
Dr. Paulsen	2	≈ Ruge	10	≈ Schweninger, Prof.	39
≈ Pelizaeus	69	≈ Rühle	23	Schwenk	40
Petzold, Gebr.	8	Saal	4	Dr. Seeliger	32
Pezold, Pfarrer	59	Dr. Saalfeld	13	≈ Seeligmüller, Prof.	38
Dr. Pflug	31	≈ Sachse	49	Semon, San.-R.	75
≈ Pierson	59	Sadebeck	57	≈ Sengelmann	2
≈ Pingler, Med.-R.	44	Dr. v. Sadowski	24	≈ Senger	45
Pinner	31	≈ Sandmann	13	≈ Settegast	14
Pintschovius	2	≈ Sänger	49	≈ Siebenrock	67
≈ Pissin, San.-R.	12	≈ Sartig	56	≈ Sieffermann	7
≈ Polewski	46	Sauer, Prof.	13	≈ Sigg	3
≈ Poensgen	54	Dr. Schäfer	58	≈ Smith	52
≈ Preiss	30	Schall, Pfarrer	68	≈ Freihr. von Sohlern	43
≈ Prenkel	52	Dr. Scharfenberg	53	≈ Sonnenburg, Prof.	14
Presting	13	≈ Schauber	4	≈ Späth	38
Dr. Prochownick	38	≈ Schede	51	≈ Speck, San.-R.	26
≈ Pusahl	68	≈ Scherer	56	≈ Staffel	73
≈ Putzar	44	≈ Scherk	13	≈ Stammler	70
Dr. Quaglio	54	≈ Schleich, Prof.	69	≈ Stark	14
Rade	58	≈ Schlüter	19	≈ Steinbacher	21
Radhoff	70	≈ Schmidt	73	Steinbacher	21
Dr. Raether	3	≈ Schmitz	18	Dr. Steinbrück	55
≈ Rehm	16	≈ Schneider	6	≈ Steinheim, San.-R.	16
Reiche, Pastor	43	≈ Schneider	34	≈ Steinthal	64
Dr. Reichenheim	9	≈ Schneller	25	≈ Stephan	41
Reiss	20	≈ Schoeler, Prof.	13	≈ Stern	50
Dr. Remak	13	≈ Schon	49	≈ Sternberg	11
≈ Remak	34	≈ Schönemann	62	≈ Stockmann	15
≈ Resch	42	≈ Schoetz	13	≈ Stood	7
Reyer	58	≈ Schrader	33	≈ Struwe	34
Dr. Richter, San.-R.	67	≈ Schreiber	5	≈ Sturm	15
≈ Richter	13	≈ Schreiber	52	Stutzer, Pastor	37
≈ Riedel, Prof.	41	Schroeder	65		
≈ Riegner	20	Schröter	27		
Ritter	9	Dr. Schücking	60		
Dr. Römpler	36	≈ Schüller, Prof.	13		
v. Rose	62	≈ Schulthess	75		

	Seite	Seite	Seite
Dr. Stützle	42	Dr. Veit . . . 15	Dr. Wiel . 56
Sukrow	25	= Verdat . . 37	= Wiel . . . 75
Dr. v. Swiecicki	60	= Verrey . . 1	= Willrich . . 8
Szontagh	56	= Verth . . . 70	= Winchenbach 24
Szuman	71	= Vick . . . 28	= Winklewski. 45
Dr. Taenzer	50	= Vocke . . 6	= Winternitz . 42
= Taub	6	= Voelkel . . 47	= Wolff, Prof. 15
Temmink	54	= de Voys. . 44	Wolff 15
Teuffel	24	Dr. Wagner,	Dr. Wolffberg . 20
Thiem	25	Hofr. . . 52	= Wollensack . 21
Thieme	49	Wagner . . . 15	= Wolter . . 38
Thomalla	32	Dr. Wahle . . 62	= Wulff . . 47
Thomas, Prof.	32	= Walcher . . 69	= Wulffert . . 15
		= Walzberg . 53	= Wunderlich . 65
Thorn	51	Wegener . . . 74	= Wurm . . 70
Tillmanns, Prof.	49	Weichert . . . 50	= Wyfs, Prof. 75
		Dr. Weigert . . 15	Wyfs 54
v. Tischendorf	49	= Weisbach . 57	Dr. Zabludowski 15
		= Weifs . . . 60	= Zeifs . . . 30
Treitel	44	= Wermann . 27	= Zeller . . 69
Tscheppe	44	Westerich . . . 38	= Zenker, San.-
Dr. Uherek	41	Dr. Wicherkiewicz 60	Rat . . . 7
= Ullmann	52	= Wichmann . 72	Ziegler . . . 73
= Unna	38	- Wiebe . . 27	Dr. Zimmerman 24
Untiedt	64	= Wiedemeister 6	= Zweifel, Prof. 49
Dr. Veiel	23	= Wiederhold 74	

Die Privat-Heilanstalten

nach den Ortsnamen in alphabetischer Reihenfolge.

Aegerisee, Ktn. Zug, Schweiz.
Privatheilanstalt für Kinder und Kinder-Rekonvalescenten von Dr. *Hürlimann* in Unter-Aegeri.

Ahrweiler, Rheinprovinz.
Heilanstalt für Gemüts- und Nervenkranke. Besitzer: Dr. *von Ehrenwall*.

Aidenbach, Niederbayern.
Privatanstalt für chirurg. und Augenkranke. Besitzer: Dr. *Bayerl*.

Aigle, Ktn. Waadt, Schweiz.
Wasserheilanstalt Aigle. Arzt: Dr. *Verrey*.

Albisbrunn, Ktn. Zürich, Schweiz.
Wasserheilanstalt Albisbrunn. Leitender Arzt: Dr. *Paravicini*.

Alexandersbad im Fichtelgebirge.
Wasserheilanstalt. Direktion: *P. Breithaupt.* Dirigierender Arzt: Dr. *F. C. Müller*.

Alsterdorf bei Hamburg.

Alsterdorfer Anstalten für Idiotie, Schwachsinn, Epilepsie, Geistesschwäche. Besitzer: Der Vorstand der Alsterdorfer Anstalten.

Die Alsterdorfer Anstalten, etwa eine Stunde von Hamburg, hoch und schön gelegen, umfassen: 1. das St. Nikolai-Stift (Bewahranstalt für geistig gesunde Kinder; 2. das Asyl für schwach- und blödsinnige Kinder (Idiotenanstalt), Pension: 400 Mk.; 3. das Kinderheim (geistig gesunde, aber verkrüppelte Kinder umfassend); 4. das Pensionat für Geistesschwache, Idioten, Epileptische aus den besseren Ständen, Minimalpension 1000 Mk. — Gegenwärtig 500 Insassen der ganzen Kolonie. Direktor: Pastor Dr. *Sengelmann;* Anstaltsarzt: Dr. *Kellner.* Eigene Schule und Kirche. — Industrie. — Gr. Gärtnerei. — Auskunft erteilt der Direktor.

Altenbrak bei Blankenburg am Harz.

Heilanstalt Altenbrak. Leitender Arzt: Dr. *Puntschovius.* Für Lungenkranke, Blutarme und Rekonvalescenten.

Altnau, Ktn. Thurgau, Schweiz.

Asyl für ruhige Gemüts- und Nervenkranke. Besitzer: Dr. *Bridler.*

Altona a. d. Elbe.

1. Augen- und Ohrenklinik der Ärzte Dr. *Auerbach* und Dr. *Paulsen,* Blücherstr. 46 48.

2. Klinik für Gynäkologie und Geburtshilfe des Dr. *E. Dinkelacker.* Bei der Johanneskirche 20.

Für 20 Betten eingerichtet; Warmwasserheizung, Badezimmer. Zwei Operationszimmer nach den neuesten Anforderungen an die Asepsis. Preis III. Klasse 3 Mk., II. Klasse 6 Mk. exclusive Operationen.

3. Privat-Frauenklinik des Dr. *Raether*.

Amelsbüren bei Münster in Westf.

Haus Kannen, Irren-Pflegeanstalt für Männer. Unter Leitung der Alexianer-Brüder aus dem Mutterhause zu Aachen.

Die Alexianer-Anstalt ist gelegen von der Hauptstadt Münster i./Westf. in einer Entfernung von 2 Stunden. Dieselbe ist ein stilles, ländliches Besitztum, verbunden mit Ökonomiebetrieb, von 160 Morgen Grundeigentum. Die Anstalt ist und wird den Wohlfahrtseinrichtungen entsprechend eingerichtet und bietet den Patienten, besonders Gemüts- und Nervenkranken, ein sehr ruhiges Asyl.

Zur Anstalt gehören schöne Gärten und Allee und sonstige ruhige Wege zum Spazierengehen. Die Leitung und Bedienung ist ausschliefslich nur in den Händen der Brüder, welche durch langjährige Schulung in der Krankenpflege ausgebildet sind. Ein durch Studium und Erfahrungskenntnisse gebildeter Arzt steht dem Unternehmen zur Seite. Anmeldungen sind zu richten an den Vorsteher der Anstalt.

Andelfingen, Ktn. Zürich, Schweiz.

Privatheilanstalt «Rosengarten» von Dr. *J. H. Sigg*. Für Stottern, Neuralgien, Tabak-, Alkohol- und Morphium-Vergiftungen.

Sankt-Andreasberg im Harz.

Badehaus. Besitzer: Dr. *Jacubasch*. Für Lungen- und Herzkrankheiten, besonders Tuberkulose. Asthma, Skrofulose, Wechselfieber, Bleichsucht.

Arosa, Ktn. Graubünden, Schweiz.

Sanatorium Berghilf. Besitzer: Dr. med. *Otto Herwig* und Frln. *M. Herwig*. Für Lungenkrankheiten, Bleichsucht, Nervosität, Erholungsbedürftigkeit.

Assmannshausen am Rhein.

Kuranstalt mit Quelle, welche zu den milden muriatisch-alkalischen Thermen (26° R.) zählt, mit hohem Lithiongehalt. Gegen Gicht, Neigung zu Harngries, Katarrhen etc.

Aue bei Schmalkalden.

Pensionat für Schwachsinnige und Idioten-Anstalt. Besitzer: *J. Saal*.

Augsburg.

1. Augenheilanstalt des Dr. *Haas*, Maximilianstraße B 14.

Neben Hotel Drei Mohren. Sprechstunden täglich vormittags 10—11 Uhr und nachmittags 2—4 Uhr. Aufnahme von Augenkranken; jederzeit schöne Separatzimmer für Privatpatienten.

2. Hofrat Dr. *Schauber*'sche Privat-Augenheilanstalt.

Frohnhof D 94, der Domkirche gegenüber. Errichtet 1864. 35 Betten. Jährliche Frequenz ca. 3800 Kranke, darunter 470 stationär. Verpflegungstaxe 2 Mk. 50 Pf. bis 6 Mk.

Augustusbad bei Radeberg in Sachsen.

Wasserheilanstalt Augustusbad. Dirig. Arzt: Dr. *Jul. Meyer.*

Aussee in Steiermark.

Kur- und Wasserheilanstalt «Alpenheim». Besitzer: Dr. *Schreiber.* Für Nerven-, Magenleiden, Rheumatismus, Rekonvalescenten.

Dr. Schreibers Wasserheilanstalt «Alpenheim», auch Sol- und Fichtenbäder, Inhalationen von zerstäubter Sole. — Saal für Massage und Heilgymnastik (Dr. Schreiber praktiziert während des Winters in seiner Wasserheilanstalt Hygiea zu Meran).

Baden-Baden.

1. Privat-Frauenklinik Villa Quisisana, Bismarckstrafse. Ärztlicher Leiter: Med.-Rat Dr. *Baumgärtner.*

Früher im eigenen Hause, ist dieselbe nunmehr seit Jahren in einem Neubau des städtischen Krankenhauses untergebracht. Mit dem Frühjahre 1891 wird aufser diesen Räumen eine neue grofse «*Villa Quisisana*» auf einer Anhöhe der Bismarckstrafse in schattigen Anlagen nahe dem Walde mit schönster Aussicht als *Frauenklinik* erbaut bezogen werden. Geräumige, hohe Zimmer mit Veranden. Die Anstalt ist mit allem Komfort versehen. Lift. Vorzügliche Badeeinrichtungen, elektrisches Bad, Solbäder. Installation für elektrolytische Kuren und alle sonstigen, gegen Frauenkrankheiten erforderlichen Mafsnahmen.

Die Pensionspreise des Neubaues im städt. Krankenhause betragen für Zimmer mit Verpflegung 4—6 Mk., die der neueren Anstalt Quisisana entsprechen einer feineren Einrichtung und anspruchsvolleren Gewohnheiten. Assistent im Hause. Angehörige der Kranken können mitaufgenommen werden.

2. Augenheilanstalt des Dr. *H. von Hoffmann*.
3. Sanatorium Baden-Baden. Für Nerven- und Herzkrankheiten; Morphinismus, Cirkulationsstörungen, Wasserheilanstalt.

Besonders für erholungsbedürftige Rekonvalescenten.

Anstaltsärzte: Dr. *Max Schneider*,
Dr. *H. Henry Gilbert*.

Die Anstalt ist nach den neuesten Prinzipien hergestellt und mit jeglichem Komfort der Jetztzeit versehen (Warmwasserheizung, elektrischer Beleuchtung, vorzüglichen Ventilationseinrichtungen, breiten Doppeltreppen, Personenaufzug etc.).

Auskunft über Details giebt der Besitzer *M. Le Maistre*.

4. Dr. *Vocke's* Heilanstalt für Brustkranke und Diabetiker.

Baden bei Wien.

Wasserheilanstalt Helenenthal bei Baden. Auch für Heilgymnastik, Massage und Elektrizität. Arzt: Dr. *Taub*.

Badenweiler.

Privatheilanstalt für Lungen- und Kehlkopfkranke. Besitzer: Dr. *William Kollmann*.

Ballenstedt am Harz.

Dr. *Hiedemeister's* Heilanstalt für Gemüts- und Nervenkranke leichter Art.

Barmen.

1. Dr. *Bielefeld's* Augenheilanstalt.
2. Augenheilanstalt des Dr. *W. Stood*, Neueweg 38.

Bendorf am Rhein.

Drei Heilanstalten für Nervenkranke. Besitzer und dirig. Arzt: Dr. *C. M. Brosius*; zweiter Arzt: Dr. *Oestreicher*. Hauptanstalt Bendorf, gegründet 1857. Dependenzen: Villa Sayn und Villa Waldesruhe. Sehr geeignet für Damen.

Benfeld im Elsaſs.

Hydrotherapeutisches Institut. Besitzer: Dr. *Sieffermann*. Für alle Krankheiten, die durch kaltes Wasser geheilt werden können.

Berg bei Cannstatt.

Leuzesches Mineralbad. Besitzer: *Louis Leuze* und *Heinr. Hofmann*. Für Nerven- und Frauenkrankheiten.

Bergquell-Frauendorf bei Stettin.

Privatheilanstalt für Gemüts- und Nervenkranke. Besitzer: San.-Rat Dr. *Zenker*.

Die Anstalt liegt an freundlichster Stelle der Oderuferberge unweit Stettin, mittelst Dampfer, Droschke und Pferdebahn von dort leicht zu erreichen. Sie hat Raum für 50 Kranke der ersten und 100 der zweiten Klasse, ist mit den für die Heilung und Pflege sowohl psychisch Kranker als auch Nervenkranker erforderlichen Requisiten versehen und erfreut sich zudem einer gesunden, geschützten Lage, vorzüglichen Quellwassers und einer schönen Umgebung. Drei Ärzte in der Anstalt. Pensionspreise mäfsig. Prospekte erfolgen durch den Besitzer San.-Rat Dr. Zenker.

Bergzabern i. d. bayr. Pfalz.

Erholungshaus «Louisenruhe». Für Erholungsbedürftige.

Berka bei Weimar.

Schlofs Rodberg bei Berka. Besitzer: *Gebr. Petzold.* Art: Dr. *Willrich.* Anstalt für Brustkrankheiten.

Berlin.

1. Poliklinik für Frauenkrankheiten, Gneisenaustrafse 104. Besitzer: Dr. *Arendt.*

2. Anstalt für orthopäd. Chirurgie, Heilgymnastik und Massage. Besitzer: Dr. *F. Beely,* Potsdamerstr. 126.

3. Privatklinik für Frauenkrankheiten, Luisenplatz 7. Besitzer: Dr. *Behm.*
Preis der Pension: 3—5 Mk. täglich.

4. Poliklinik für Hautkrankheiten, Elsasserstr. 27. Leiter der Anstalt: Dr. *G. Behrend.*
Sprechstunden täglich 9—10 Uhr.

5. Chirurgische Klinik des Geh. Rat Prof. Dr. *v. Bergmann,* Kesselstr. 36 und Schiffbauerdamm 36.

6. Poliklinik für Haut- und Geschlechtskrankheiten, Köpnickerstr. 102. Besitzer: Dr. *A. Blaschko.*

7. Poliklinik für innere Krankheiten, Elsasserstrafse 27. Besitzer: Professor Dr. *L. Brieger.*

8. Kurbad «Centrum», Neue Schönhauserstr. 7. Besitzer: *C. Brook*. Naturheilbad mit Dampfbädern.

9. Dr. *Casper*'s Augenheilanstalt, Neue Promenade 5.

10. Süd-West-Poliklinik, Markgrafenstr. 100. Besitzer: Dr. *Cholewa*. Dr. *Moll*. Zahnarzt *Ritter*. Dr. *Reichenheim*. Für Augen-, Ohren-, Nasen- und Mundkrankheiten.

11. Privat-Heilanstalt für Frauenkrankheiten, Marienstrafse 30. Besitzer: Dr. *Czempin*.

12. Heilanstalt für Sprachgebrechen. Direktor: *Rob. Ernst*. Potsdamerstr. 37.

13. Nervenheilanstalt, Friedrich Wilhelmstr. 6. (Im Bau begriffen.) Ärztlicher Leiter: Professor Dr. *Eulenburg*, Lützowstr. 60a.

14. Institut für Heilgymnastik, Orthopädie und Massage, Friedrichstr. 61. Besitzer: Dr. *Ewer*.

Die Krankheiten sind zu zahlreich, als dafs sie hier genannt werden könnten; es werden daher nur einige besonders Erwähnung finden:
Schwäche und lähmungsartiger Zustand einzelner Teile;
allgemeine Körperschwäche, Blutarmut, Bleichsucht;
Schlaflosigkeit;
hartnäckige Verstopfung;
rheumatische Erkrankung der Muskeln und Gelenke;
Gicht;
Diabetes;
Verunstaltungen des Körpers.

15. Privatheilanstalt für Frauenkrankheiten, Alexandrinenstr. 112. Besitzer: Dr. *Flaischlen* in

Gemeinschaft mit Dr. *Paul Ruge* und Dr. *Ernst Carsten*.

16. Poliklinik für Hals-, Ohren- und Nasenkrankheiten, Lützowstr. 12. Besitzer: Dr. *Theod. S. Flatau*, Bülowstr. 7. (Vom 1. Okt. 1890: Bülowstrasse 14).
Die Anstalt besteht seit 6 Jahren und ist zunächst zur ambulanten Behandlung von unbemittelten Kranken bestimmt. Aufserdem werden Ortsarme des Kreises Teltow, sowie Mitglieder der Kassenverbände auf Zuweisung ihrer Bezirksärzte aufgenommen. Aufser dem Leiter fungieren noch zwei Ärzte als Assistenten. Wegen Teilnahme an den Lehrkursen für Ärzte beliebe man sich an Dr. Flatau selbst zu wenden.

17. Klinik von Dr. *W. Fliefs*, Wichmannstr. 4a. Für innere Krankheiten.

18. Chirurgische Poliklinik, Alt-Moabit 123. Besitzer: Dr. *Herm. Frank*.

19. Privat-Poliklinik, Prinzenstr. 43. Besitzer: Dr. *M. A. Fritsche*. Für Hals- (Kehlkopf- u. Rachen-) und Nasen-Krankheiten.

20. Privat-Augenheilanstalt des Dr. *C. Fröhlich*, Alexandrinenstr. 118.

21. Poliklinik für Frauenkrankheiten, Alvenslebenstr. 4. Klinik, Karlstr. 30. Besitzer: Dr. *Gottschalk*, Potsdamerstr. 106b.
Die Verpflegungspreise sind 2—10 Mk. pro Tag.

22. Chirurgische Klinik des Med.-Rat Dr. *P. Güterbock*, Neuenburgerstr. 14.

23. Dr. *G. Gutmann's* Augenheilanstalt, Wassergasse 14.
30 Betten in 3 Klassen zu 2—10 Mk.

24. Heilanstalt für Ohren- und Nasenkrankheiten des Dr. *Arthur Hartmann*, Karlstr. 27.

25. Poliklinik für Krankheiten des Halses und der Nase, Luisenstr. 52. Besitzer: Dr. *Paul Heymann*.

26. Prof. Dr. *Hirschberg's* Privat-Augenheilanstalt, Karlstr. 36.

27. Homöopathische Poliklinik, Liesenstr. 17. Besitzer: Dr. *Hoesch*. Für äufsere und innere Krankheiten.

28. Privat-Poliklinik für Kinderkrankheiten, Memelerstr. 20. Direktor: Dr. *Janicki*.

29. Poliklinik und Klinik für Hautkrankheiten, Ziegelstr. 2. Besitzer: Dr. *Max Joseph*.

30. Klinsmann'sche Heilanstalt für Gemüts- und Nervenkranke, Schönhauser Allee 9. Arzt: Dr. *G. Klemperer*.

31. Prof. Dr. *Köbner's* Privatklinik für Hautkrankheiten, Steglitzerstr. 13. Vorsteherin: *E. Wagner*.

32. Poliklinik für Hals-, Nasen- und Ohrenkrankheiten, Grofse Frankfurterstr. 53. Besitzer: Dr. *Alfr. Krakauer*.

33. Privatklinik für Hals-, Brust- und Nasenkrankheiten, Ziegelstr. 2. Besitzer: Prof. Dr. *Krause*.

34. Poliklinik für innere und Nerven-Krankheiten, Wilsnackerstr. 63. Leitender Arzt: Dr. *Krönig*, Rathenowerstr. 105.

35. Chirurgische Klinik des Prof. Dr. *Küster*. Maafsenstr. 13, vom 1. Oktober 1890: Spenerstrafse 42. Vorsteherin: Frau Baumeister *Kersten*.

36. Heilanstalt für Frauenkrankheiten von Dr. *Leopold Landau*, Privatdocent.

37. Dr. O. *Lassar*'s Privatklinik für Hautkrankheiten, Karlstr. 19.

38. Poliklinik für Zahn- und Mundkrankheiten, Grofse Frankfurterstr. 74. Besitzer: Zahnarzt *Lipschitz*.

39. Klinik für Ohren-, Nasen- und Halsleiden des Dr. *Loewe*, Karlstr. 32.

40. Poliklinik für Hals- und Nasenkranke, Elsasserstr. 27. Besitzer: Dr. *W. Lublinski*.

41 Poliklinik für Zahn- und Mundkrankheiten, Alexanderstr. 21. Besitzer: Zahnarzt *Max Lustig*.

42. Privat-Heilanstalt für Frauenkrankheiten, Elsasserstr. 85. Besitzer: Dr. A. *Martin*.

43. Chirurgische Klinik des Geh. Rat Dr. A. *Maylaender*, Trebbinerstr. 2.

44. Poliklinik für Nervenkrankheiten, Elektrotherapie, Ziegelstr. 2. Besitzer: Dr. *Alfred Neisser*.

45. Poliklinik für Kinderkrankheiten, Köpnickerstrafse 102. Besitzer: Dr. *H. Neumann*.

46. Poliklinik für Augenkrankheiten des Dr. *Franz Ostwalt*, Gneisenaustr. 104.

47. Anstalt fur Massage, Heilgymnastik und Orthopädie. Besitzer: *H. Overhen*, Potsdamerstrafse 119.

48. Institut für animale Vaccination, Derfflingerstr. 29. Besitzer: San.-Rat Dr. *Pissin*.

Die Anstalt ist das ganze Jahr hindurch geöffnet und liefert nur Kuh-Lymphe (durch Impfung von Kalb zu Kalb erzeugt), nicht Retro-Vaccine. Für öffentliche Impfungen in Emulsion (gebrauchsfertig) zu ca. 8—10 Pf. je nach der Zahl der Impfungen. Für Privat-Impfungen in Extrakt (flüssige Lymphe) zu 50 Pf.—2 Mk., je nach der Zahl und Gröfse der Röhrchen.

49. Heilanstalt für Stottern, Stammeln, Königgrätzerstr. 112. Besitzer: *Walter Presting*.

50. Poliklinik für Nervenkrankheiten, Kronenstrafse 17. Besitzer: Privatdocent Dr. *E. Remak*.

51. Zahnärztliche Poliklinik, Chausseestr. 1 a. Besitzer: Dr. *Erich Richter*, prakt. Zahnarzt. Für Zahn-, Mund- und Kieferkrankheiten. Zugleich Vorbereitungsanstalt für Studierende der Zahnheilkunde.

52. Privatklinik für Hautkrankheiten, Oranienburgerstr. 40/41. Besitzer: Dr. *O. Rosenthal*.

53. Poliklinik für Haut- und Geschlechtskrankheiten, Lützowstr. 12. Besitzer: Dr. *Edmund Saalfeld*.

54. Poliklinik für Hals- und Nasenkranke, Gneisenaustr. 104. Besitzer: Dr. *G. Sandmann*.

55. Zahnärztliche Poliklinik, Schiffbauerdamm 38. Besitzer: Professor *C. Sauer*.

56. Augenklinik des Dr. *Scherk*, Friedrichstrafse 238.

57. Klinik für Augenkranke des Prof. Dr. *Schoeler*. Karlstr. 2.

58. Poliklinik für Hals- und Nasenkrankheiten, Friedrichstr. 234. Besitzer: Dr. *Schoetz*.

59. Poliklinik für chirurgische Kranke und für Gelenkleiden, Breitestr. 4. Besitzer: Prof. Dr. *Max Schüller*.

Sprechstunde an Wochentagen von 12½ bis 1½ Uhr. Privatklinik in der von katholischen Schwestern geleiteten Maria-Viktoria-Heilanstalt, Karlstr. 30. (3 Klassen.)

60. Berliner medico-mechanisches Institut, Leipzigerstr. 130. Leitender Arzt: Dr. *G. Schutz*. Anstalt für mechanische Heilgymnastik, Orthopädie und Massage, ausgerüstet mit sämtlichen Apparaten von Dr. G. Zander in Stockholm. Geöffnet für Herren: 8—11, 6½—8; für Damen und Kinder 11½—1½, 4—6. Jahresfrequenz 1888: 850, 1889: 1050, 1890: ca. 1200 Patienten.

Am häufigsten kommen zur Behandlung: Rückgratsverkrümmungen, Nachbehandlung von Verletzungen, Nervenschwäche, Herzleiden, Korpulenz, Schlaflosigkeit, Neuralgien, Lähmungen, Rheumatismus, habituelle Verstopfung, Bleichsucht, schlecht entwickelter Brustkorb, Asthma, Gicht, Mangel an Bewegung, Rekonvalescenz u. s. w.

61. Privatheilanstalt für Augenkranke des Geh. Rat Prof. Dr. *Schweigger*, Marienstr. 23.

62. *Kurhaus Seehof* bei Berlin (Post Teltow) siehe «Seehof».

63. Privatklinik für chirurgische Krankheiten von Dr. *H. Settegast*, Alexandrinenstr. 118.

64. Chirurgische Klinik des Prof. Dr. *Sonnenburg*, Lessingstr. 51, im Sanatorium.

65. Zahnärztliche Poliklinik, Oranienstr. 158. Besitzer: Dr. *Stark*, Zahnarzt. Für Zahn- und Mundkrankheiten.

66. Poliklinik für Nervenkrankheiten u. Elektrotherapie, Friedrichstr. 115. Besitzer: Dr. *H. Sternberg*.

67. Privatheilanstalt für Frauenkrankheiten der Frau Dr. *Stockmann*, Gitschinerstr. 109. Ärzte: Dr. *Löhlein* und San.-Rat Dr. *Jaquet*.

68. Kliniken und Institute (Besitz in verschiedenen Händen), geleitet von Dr. *C. Sturm*, Junkerstraße 18. Hauptsächlich für Nerven- und Verdauungsleiden.

69. Dr. *J. Veit's* Privatheilanstalt, Steinmetzstraße 11. Für Frauenkrankheiten.

70. Privatanstalt von *E. Wagner*, Steglitzerstraße 13. Für Haut-, Nerven-, Frauenkrankheiten.

71. Wasserheilanstalt des Vereins der Wasserfreunde, Kommandantenstr. 9. Anstaltsärzte: Geh. San.-Rat Dr. *Berchholtz* und Dr. *S. Munter*.

72. Privatklinik für Kehlkopf- und Lungenkranke des Dr. *Weigert*, Kurfürstenstr. 99.

73. Prof. Dr. *J. Wolff's* chirurgische Privatklinik, Marienstr. 24a.

74. Poliklinik für Zahn- und Mundkrankheiten, Friedrichstr. 131c. Besitzer: Zahnarzt *Albert Wolff*.

75. Poliklinik für Nervenkrankheiten, Rathenowerstr. 101. Besitzer: Dr. *Wulffert*.

76. Dr. *Zabludowski's* Heilanstalt für Massagekuren, Karlstr. 8. Für chirurgische und Nervenkrankheiten.

Sprechstunden: 9—10, 12—1, 3—5½ Uhr. Massage bei chirurgischen Krankheiten, Verdauungsstörungen und Nervenleiden, Behandlung des Schreib- und des Musikerkrampfes.

Bernau bei Berlin.

Gusesche Privat-Irren-Pflegeanstalt. Besitzerin: Frau Stadtsekretär *Guse*.

Berthelsdorf in Schlesien.

Naturheilanstalt. Besitzer: *E. Berger.*

Bielefeld.

1. Privat-Augenheilanstalt des Dr. *Arntz.*
2. Augenheilanstalt des San.-Rat Dr. *Steinheim.*

Blankenburg am Harz.

1. Sanatorium für Nervenleidende und Erholungsbedürftige. Besitzer Dr. *Osk. Eyselein.* Für Neurosen und Neuropsychosen (mit Ausschlufs von Epilepsie und Geistesstörungen).
Errichtet 1876 für bessere Stände. Winter und Sommer gleich stark besucht. Alljährlich durch Neubauten vergröfsert. 11 Morgen Park an der Westseite der 7000 Einw. zählenden Kreisstadt. 7,64° R. mittl. Jahres-Temperatur.

2. Kuranstalt für Nervenkranke. Besitzer: San.-Rat Dr. *Otto Müller* und Dr. *Paul Rehm.*
Älteste offene Spezial-Heilanstalt für Nervenleidende (seit 1862). Sommer und Winter geöffnet, in mittlerer geschützter Gebirgslage. Näheres durch Prospekte.

Blankenburg in Thüringen.

Villa Emilia bei Blankenburg. Besitzer: Dr. *Bindseil.* Für chronische Nervenleiden, Neurasthenie, Morphinismus.
Die Anstalt, am Eingange des Schwarzathales in einer der reizvollsten Gegenden Thüringens gelegen, ist Sommer und Winter geöffnet und besucht; sie nimmt Damen und Herren auf. Da dieselbe den Charakter einer offenen Heilanstalt durchaus bewahrt, so sind

Geisteskrankheiten und Epilepsie von der Aufnahme ausgeschlossen. Der monatliche Pensionspreis beträgt Mk. 200—350 je nach der Gröfse der Zimmer.

Blankenhain in Thüringen.

Sanatorium des Dr. *Leop. Friedmann.* Für Katarrhe und chron. Entzündungen der Atmungsorgane.

Blasewitz bei Dresden.

1. *Carl Denhardt*'sche Anstalt für Stotterer, früher in Burgsteinfurt. Älteste staatlich ausgezeichnete Sprachheilanstalt Deutschlands. Honorar nach Heilung. Prospekte gratis. Die Anstalt ist während des ganzen Jahres geöffnet. Herrliche Lage an der Elbe, am Eingang der Sächsischen Schweiz. Gesunder Landaufenthalt in unmittelbarer Nähe der wegen ihrer Kunstschätze hervorragenden Residenzstadt Dresden.

2. Dr. *Flemming*'sche Sandbadeanstalt) Lochwitzerstr. 7b. Für chronischen Rheumatismus, Rhachitis, Skrofulose, Lähmung der Hautnerven etc.

3. Anstalt für geistig Zurückgebliebene, Marschallallee 29. Besitzer: Direktor *E. Foerster.*

Geistig Zurückgebliebene jeden Alters finden in dem sehr gesund gelegenen, gut empfohlenen Institute die vorzüglichste Pflege, vollständigen Familienanschlufs und bestmöglichste Ausbildung.

4. *Malten's* Kuranstalt für Wasserheilverfahren, Massage, Gymnastik u. s. w.

St. Blasien in Baden.

Dr. *Haufe's* staatl. konzess. Heilanstalt f. Lungenkranke. Besitzer: Dr. med. *P. Haufe*, Kurarzt für den Kurort St. Blasien.

In der 1881 erbauten und mit höchstem Komfort ausgestatteten *Heilanstalt* finden ca. 50 Kranke ärztl. sowie familiäre Überwachung und Pflege. Die Schlafzimmer und Gesellschaftsräume mit bewährten Ventilationsvorrichtungen, das ganze Gebäude *in jeder Beziehung hygienisch* gehalten Geschützte Terrassen und Veranden. Treppenhaus, Korridore, Klosetts im Winter gut durchheizt. Neuerbaut 1870 eine Liegehalle zur Freiluftkur sowie eine, durch gedeckten Gang mit der Anstalt verbundene Villa als weitere Dependance. *Seit 7 Jahren im Winter wie im Sommer gleichmäfsig besucht.*

Bochum in Westfalen.

Privat-Frauenklinik des Dr. *Everke*.

Bonn.

1. Heilanstalt für Nervenkranke, Morphium- und Alkohol-Entwöhnung. Besitzer: Dr. *A. Schmitz*.
2. Siehe unter «Endenich».

Boppard am Rhein.

Wasserheilanstalt Marienberg. Leitender Arzt: Dr. *C. E. Hoestermann*. Für Nervenkrankheiten, Morphinismus, Rheumatismus.

Gegründet 1839 in schönster, klimatisch sehr begünstigter Gegend des Rheinthals. Zweckmäfsigste Einrichtungen für gesamtes

Wasserheilverfahren, medizinische, elektrische, römisch-irische Bäder. Dampfbäder. Gymnastik, Elektrizität, Massage, diätetische Kuren, Morphiumentziehung. Das ganze Jahr geöffnet. Geisteskranke ausgeschlossen.

Bredow bei Stettin.

Privatklinik für chirurgische und gynäkologische Krankheiten. Leitender Arzt: Dr. *Otto Schlüter*.

Die Anstalt vermag nur eine beschränkte Anzahl von Kranken (etwa 10) aufzunehmen. Vorherige Anmeldung zum Zwecke der Aufnahme ist daher unerläfslich.

Bremen.

1. Augenklinik des Dr. *Betke*, Mozartstr. 11.

Die Verpflegung findet nach 3 Klassen in gemeinschaftlichen oder in Privatzimmern statt. Der Pflegesatz (exkl. ärztl. Honorar) beträgt pro Tag je nach der gewählten Klasse: Mk. 3, 5 und 7,50.

2. Dr. *Burckhardt's* Privatklinik für Frauenkrankheiten, Bornstr. 54.

Die Klinik ist bestimmt für gynäkologische, bes. gynäkologisch-chirurgische Fälle; aufserdem finden Aufnahme: Fälle von Chlorose, Anämie, Diabetes, Neurasthenie, Hysterie, *Enuresis* und alle für Massage und Diätkuren in geschlossener Anstalt geeigneten Erkrankungen des weiblichen Geschlechts. 10 Betten. Pensionspreis 5—10 Mk. täglich.

3. Dr. *Schüssler's* Privatklinik für chirurgische Krankheiten, Rembertistr. 97.

2*

Breslau.

1. Augenklinik des Prof. Dr. *Hermann Cohn*, Neue Taschenstr. 28.

2. Pensionat für Augenkranke, Ohlauer Stadtgraben 17. Arzt: Prof. Dr. *Förster*, Geh. Medizinal-Rat.

3. Privatheilanstalt für Frauenkrankheiten von Dr. *Ernst Fraenkel*, Tauentzienstr. 67.

4. Dr. *Hohnhorst*'s chirurgische Privatklinik, Kupferschmiedestr. 7. Für alle äußerlichen Krankheiten.

5. Institut für schwed. Heilgymnastik, Massage und Orthopädie, Neue Taschenstr. 33. Besitzer: Dr. *Kuznitzky*. Für chronische Erkrankungen des Bewegungsapparates, Ernährungsanomalien, Krankheiten der inneren Organe und des Nervensystems.

Falsche Lagerungen der Gebärmutter werden nach Thure Brandt's Methode behandelt. Gegen Rückgratsverkrümmungen besondere Kurse für Mädchen und Knaben.

6. Dr. *Riegner*'s chirurgische Privatklinik, Freiburgerstr. 2.

7. Dr. *Wolffberg*'s (früher *Jany*'sche) Augenklinik, Freiburgerstr. 9.

Die Anstalt (gegründet 1865 von Dr. Jany) besteht jetzt 25 Jahre; ein Jubiläumsbericht ist herausgegeben und durch die Buchhandlung von Preuß & Jünger (Breslau) zu beziehen.

8. Idioten-Anstalt, Große Fürstenstraße 6, 8, 10. Leiterin: Fräulein *Anna Reiß*. Aufnahme von Schwach- und Blödsinnigen ohne Unterschied der Konfession.

Brestenberg, Ktn. Aargau, Schweiz.
Anstalt für Nervenkrankheiten, Rheumatismen, Ernährungsstörungen. Besitzer: Familie *Erismann*. Arzt: Dr. *A. W. Münch*.

Bromberg.
Dr. *Augstein's* Privat-Augenheilanstalt. Zahl der Betten: 10. Preis: 1,50 Mk.—5 Mk. pro Tag.

Brunnthal bei München.
Hofrat Dr. *Steinbacher's* Wasserheilanstalt. Besitzer: Lieut. a. D. *Steinbacher*, Sohn des Begründers. Leiter: Dr. med. *Lahusen*. Für Nervenkrankheiten, Rheumatismus, Ernährungsstörungen, Leiden des Harnapparats.

Diese Anstalt (älteste Deutschlands) liegt 529 m hoch, 20 Min. von München in den kgl. Anlagen. Sie erfreut sich namentlich wegen ihrer erfolgreichen diätischen Kuren bei Nervenleidenden eines wohlverdienten Rufes. Preis von 35 Mk. per Woche alles in allem (und nach Ansprüchen natürlich höher). *Brunnthal* dürfte zu den allerbilligsten Anstalten gehören. Keine Nebenkosten (Kurtaxen etc.). Das Innere der Anstalt ist durchaus und gründlich renoviert. Individuelle Behandlung. Prospekte gratis.

Buchenthal bei Uzwyl, Schweiz.
Wasserheilanstalt Buchenthal. Dirigierender Arzt: Dr. *Heinr. Wollensack*. Für Nervenleiden, Störungen des Blutgefäfssystems, Katarrhe etc.

Burtscheid bei Aachen.

Heilanstalt Schlofsbad (nebst Luisenbad), Schlofsstrafse 18. Verwalter: *E. Kuhn.* Ärztliche Leitung: Dr. *Schuster* in Aachen, Aureliusstr. 10. Für chronische Krankheiten, besonders Nervenleiden nicht psychischer Art.

Die Heilanstalt «Schlofsbad» (nebst dem anschliefsenden Frauenbade «*Luisenbad*») bezweckt eine streng geregelte, fachgemäfse Behandlung spezifischer Erkrankungen sowie solcher, die wie ausgedehnte Hautkrankheiten u. a. für eine ambulante Behandlung sich nicht eignen. Aufser den chronischen Gehirn- und Rückenmarks-Erkrankungen, bei denen ein Heilerfolg noch zu erwarten ist, finden geeignete Aufnahme: Neurasthenische, Neuralgische, aber auch *Morphiumsüchtige.* Die Anstalt besitzt die im Volksmunde von jeher allbekannte Schwefelquelle «Pockenbrünnchen»; sie besitzt einen Saal für Gymnastik, Suspension u. s. w., überhaupt ihren Zwecken entsprechende bevorzugte Einrichtungen in gesundester Lage und ist das ganze Jahr hindurch geöffnet.

Buttelstedt bei Weimar.

Pensionat für nerven- und gemütskranke Damen. Besitzer: *Eugen Baltz.* Arzt: Dr. *Lange* in Weimar.

Das Pensionat ist für nerven- und gemütskranke Damen (auch epileptische), deren Zustand nicht den Aufenthalt in einer geschlossenen Anstalt, aber doch eine dauernde Beaufsichtigung und sachkundige Pflege erfordert. Familien-Anschlufs. Pension 900 — 1200 Mk. jährlich.

Canstatt bei Stuttgart.

1. Dr. *Kahle's* Heilanstalt für Gemüts- und Nervenkranke.
2. Heilanstalt für Hautkranke. Besitzer: Hofrat Dr. *Veiel*.

Charlottenburg bei Berlin.

1. Asyl für Gemütskranke des Dr. *Edel*, Berlinerstr. 17.

Das Asyl für Gemütskranke liegt im schönsten Teil der nächsten Umgebung Berlins und ist von Berlin aus in ¼ Stunde mittelst Pferdebahn oder Stadtbahn (Station: Tiergarten — Externbahnhof: Zoologischer Garten) zu erreichen. — Die Heil- und Pflegeanstalt für Gemüts- und Nervenkranke beiderlei Geschlechts ist 1869 vom Dr. med. Carl Edel begründet, nach und nach vergröfsert worden und besteht jetzt aus mehreren im eleganten Villenstil erbauten Häusern, welche untereinander durch gröfsere Gärten verbunden sind. Die innere Ausstattung der Wohn-, Schlaf-, Speise- und Spielzimmer, sowie die Verpflegung der Privatkranken entsprechen den Ansprüchen der höheren Stände. Für Zerstreuung und Unterhaltung der Kranken wird durch Musik und Theateraufführungen in der Anstalt, mechanische Arbeiten in der Werkstatt, Promenaden in den Gärten, Spaziergänge in den in 5 Minuten von der Anstalt aus zu erreichenden Tiergarten, Ausfahrten in die Umgebung Charlottenburgs u. s. w. gesorgt. — Die Einrichtungen für Bade-, Massage-, galvanische, Brunnen- und sonstige Kuren sind die, welche ein gut organisiertes Krankenhaus der Neuzeit zu bieten vermag. Die ärztliche

Behandlung wird von dem Direktor der Anstalt, Dr. Edel, dem Oberarzt Dr. Heimann und 2 ebenfalls in der Anstalt wohnenden Assistenzärzten geleitet. — Der Pensionspreis beträgt monatlich 100—400 Mk., je nach den Anforderungen, die an die Wohnung gestellt werden, und dem Charakter der Krankheit.

2. Dr. *Robert Bauer's* Heil- und Pflegeanstalt für Geisteskranke, Westend, Nufsbaum-Allee 38.

Chemnitz.
I. *Von Zimmermann'sche* Naturheilanstalt. Direktor: *Th. Hicke.* Arzt: Dr. *Winchenbach.* Für das gesamte Heilverfahren.

2. Frauenklinik, Theaterstr. 5. Besitzer: Dr. *Teuffel.*

Coburg.
Privatklinik für Frauenkrankheiten und Chirurgie. Besitzer: Dr. *Floël.*
Prospekte.

Cöslin.
I. Privat-Augenklinik des Dr. *Gutknecht,* Neue Thorvorstadt 2.
Anzahl der Betten: 16.
Preise der Verpflegung: I. Klasse 5—6 Mk.
II. Klasse 3—3,50 Mk.
III. Klasse 2—2,50 Mk.
pro Tag.

2. Chirurgische Privat-Heilanstalt. Besitzer: Dr. *Heidenhain.*

Coswig in Sachsen.
Heilanstalt Lindenhof bei Coswig i. S. Besitzer: Dr. *Jaeckel.* Stellvertreter: Dr. *von Sadowski.* Für Nerven- und Gemütskrankheiten.

Cottbus.

Chirurgisch-gynäkologische Privatklinik. Besitzer: Dr. *C. Thiem.* Assistent: Dr. *Palmgreen.* Für chirurgische und Frauenkrankheiten. 24 Betten. Wohlgepflegter Garten. Besonderes Zimmer mit orthopädischen Einrichtungen. Neben operativer und specialistischer Behandlung Elektro- und Balneotherapie, sowie hydropathische Mafsnahmen jeder Art.

Danzig.

Dr. *Schneller*'sche Augenklinik, Breitgasse 120.

Darmstadt.

1. Alice-Hospital. Besitzer: Alice-Frauenverein für Krankenpflege. Hauptsächlich für chirurgische Krankheiten.

2. Elisabethen-Stift (Diakonissenhaus). Oberin: *Johanna Sukrow.* Hausärzte: Dr. *Leydhecker,* Dr. *Kolb.* Für weibliche Kranke und Kinder (mit Ausschlufs von Geisteskranken). Augenklinik.

Dessau.

Paschen's orthopädische Heilanstalt. Besitzer: Direktor *Richard Paschen.*

Die Heilanstalt, 1885 begründet, staatl. konzessioniert, sanitär und komfortabel eingerichtet (Centralwasserheizung, Korridorsystem, Park), nimmt Kranke jeden Alters auf, bei denen durch orthopädische Behandlung Heilung zu erreichen, wie: Schiefhals, Skoliosis, Kyphosis, Rückenmarkleiden, Hüftgelenkleiden, Lähmungen und Kontrakturen der Glieder. Heilverfahren: Gymnastik, Massage, Bäder,

Elektrizität u. Apparatbehandlung. Apparate werden in der mit der Anstalt verbundenen mechanischen Werkstatt unter Leitung des Direktors angefertigt. Anstaltsarzt. Zahl der Betten: 14. Verpflegung incl. Behandlung 3,50—10 Mk. pro Tag. Prospekte durch die Verwaltung.

Dillenburg, Reg.-Bez. Wiesbaden.

Pneumatische Anstalt. Besitzer: San.-Rat Dr. *Speck*. Für chronische Lungenkrankheiten.

Döbling bei Wien.

Privatheilanstalt für Nerven-, Gemüts- u. Geisteskranke. Besitzer: Prof. Dr. *Heinr. Obersteiner*.

Dorsten in Westfalen.

Anstalt der Barmherzigen Brüder für Epileptische «Maria-Lindenhof» bei Dorsten. Vorsteher: Bruder *Pius*.

Dortmund.

Augen-Heilanstalt des Dr. *Fischer*.

Dresden.

1. Privat-Augenheilanstalt von Dr. *Christoph*, Neustadt, Bautzenerstr. 69.

2. Frauenklinik von Dr. *Klotz*.
  Die Klinik befindet sich im schönsten Villenviertel Dresdens, absolut ruhige Lage, Centralheizung, vortreffliche Ventilation, grofser Garten, 32 Betten. Preis: 4—15 Mk. täglich.

3. Privatklinik von Dr. med. *F. von Mangoldt*, Käufferstr. 2. Verwaltet durch die «Grauen

Schwestern«. Für chirurgische Fälle und Frauenkrankheiten.

Vorzügliche Pflege durch die rühmlichst bekannten Grauen Schwestern.

Separatzimmer einschliefslich Verpflegung: 4—6 Mk. täglich; ärztliches Honorar besonders. Aufserdem Verpflegung und Behandlung Unbemittelter von 2 Mk. täglich an und gegen Erstattung eines einmaligen Aufnahmegeldes von 4 Mk.

4. Privatklinik für chron. Erkrankungen der Harnorgane und Hautkrankheiten, Sidonienstr. 8. Besitzer: Dr. *Oberländer* und Dr. *Wermann*.

Die Anstalt liegt im schönsten und gesündesten Stadtteile Dresdens in unmittelbarster Nähe des grofsen Gartens. Vorzügliche Verpflegung. Preis 4—10 Mk. täglich.

5. Dr. *Wiebe*'s Heilanstalt für Nasen-, Hals- und Ohrenkrankheiten, Dresden-Altstadt, Güterbahnhofstrafse 2.

Klinik für Nasen-, Hals- und Ohrenkrankheiten von Dr. Wiebe, Dresden-Altstadt, Güterbahnhofstr. 2. Preise für Wohnung, Kost und Wartung 4—10 Mk. pro Tag.

6. Schwedisch-heilgymnastische und Massage-Anstalt von Frl. *Lina Neumann*, Bergstr. 64. Für Muskel- und Gelenk-Krankheiten, Blutstockungen, Migräne, Blutarmut, Ischias etc.

Mit Erfolg behandelt I. M. die Königin von Sachsen, Prinzefs von Schwarzburg, Prinz Christian von Schleswig-Holstein u. a. m.

7. *W. Schröter*'s Erziehungsanstalt für geistig Zurückgebliebene, Dresden-Neustadt, Oppellstr. 44.

Die Anstalt hat sich die Aufgabe gestellt, geistig *Zurückgebliebene* zu sittlich religiösen, nützlichen und brauchbaren Gliedern der menschlichen Gesellschaft heranzubilden. Sie nimmt Knaben und Mädchen vom 6. Lebensjahre auf und gewährt ihren Zöglingen die *gewissenhafteste Pflege* und *Familienanschlufs*. Aufser dem der Individualität angepafsten *Unterricht in allen Fächern der Bürgerschule* bezw. auch in Musik und fremden Sprachen pflegt die Anstalt in ausgiebigster Weise den *Handfertigkeitsunterricht* — Laubsäge-, Papp-, Korbmacher- und Tischlerarbeiten — und bereitet so zur *Erlernung eines Lebensberufes* vor. Ebenso führt die Anstalt auch in den Gärtnerberuf ein. — Die Anstalt besteht seit 1873 und wird fortgesetzt von medizinischen und pädagogischen Autoritäten empfohlen.

Düsseldorf.

Privat-Frauenklinik des Dr. *J. Haas*. Bismarckstrafse 60.

Eckerberg bei Stettin.

Wasserheilanstalt des Dr. med. *Vick*.

Eggenberg bei Graz.

Wasserheilanstalt. Arzt: Dr. *J. Anca*.

Eichwald bei Teplitz.

Wasserheilanstalt des Dr. *Brecher*.

Eisenach.

1. Kuranstalt Hainstein bei der Wartburg. Besitzer: Dr. *Köllner*. Wasser- und diätetische Kuren.

2. *R. Denhardt's* Sprachheilanstalt in Villa Hainstein.

Eitorf an der Sieg.

Sanatorium für Nervenkranke, Rekonvalescenten und Erholungsbedürftige. Besitzer: Dr. med. *Aug. Meyer*. Für eine kleinere Zahl von bemittelten Kranken neu erbautes, sehr schön gelegenes, sanitär und comfortable eingerichtetes Kurhaus. — Aufnahme das ganze Jahr hindurch. Näheres durch den Prospekt.

Elberfeld.

Heilanstalt für Hautkrankheiten und Syphilis im stadtischen Krankenhause. Oberarzt: Dr. *J. Eichhoff*.

Elbing.

Privatklinik des Dr. *Dietrich* für Ohren- und Halskranke.

Elgersburg in Thüringen.

1. Wasserheilanstalt Bad Elgersburg. Arzt: San.-Rat Dr. *Barwinski*; Direktor: *Fr. Mohr*. Für die verschiedenen Krankheiten des Nervensystems, mit Ausnahme von Geisteskrankheiten, Magen- und Unterleibsleiden, Hämorrhoidalzustände, chronische Katarrhe der Luftwege, Fettsucht, chron. Rheumatismus u. s. w.

Es ist diese Wasserheilanstalt die älteste (1837 gegründet) und wohl auch die renommierteste Anstalt Deutschlands. Sie liegt 520 Meter üb. d. Meere, ist Station der Bahn Neudietendorf — Plaue — Grofsbreitenbach und wurde infolge ihrer hygienischen Einrichtungen auf der internationalen Ausstellung in Ostende 1888 mit der grofsen goldenen Medaille prämiiert. Ende vergangenen Jahres wurde die auf Kosten der Anstalt erbaute neue Hochdruckleitung vollendet und damit dem Ort das vortrefflichste Trinkwasser, der Anstalt gleichzeitig auch ein selten gutes Badewasser zugeführt. Näheres durch Gratisprospekte und die Direktion.

2. Wasserheil- und Kuranstalt des Dr. O. *Preſs*. Für chronische Krankheiten aller Art, mit Ausnahme von Geisteskrankheiten und Epilepsie.

Kleinere, auf den persönlichen Verkehr mit dem Ärzte zugeschnittene Anstalt mit komfortabler Einrichtung und in prachtvoller Lage. Wasserheilverfahren, Elektrotherapie, Massage, Gymnastik, Diätkuren. Man verlange Prospekt.

Endenich bei Bonn.

Heil- und Pflege-Anstalt für Gemüts- u. Nervenkrankheiten. Ärzte: San.-Rat Dr. *Oebeke*, Dr. *Heyden*.

Erfurt.

Privat-Frauenklinik, Karthäuserufer 6. Besitzer: Dr. *O. Zeiſs*.

Ermatingen am Bodensee, Schweiz.

Heilanstalt für Nervenleidende mit Ausnahme von Geisteskranken. Besitzer: Dr. *O. Naegeli*, Bezirksarzt.

Ernsdorf-Jaworze in Österr.-Schlesien.

Wasser- und Molkenheilanstalt. Arzt: Dr. *E. Kowalski*.

Essen a. d. Ruhr.

Chirurgische Poliklinik des Dr. *Richard Morian*. Für chirurgische Krankheiten.

Falkenstein im Taunus.

Heilanstalt Falkenstein, für Lungenkranke. Dirig. Arzt: Dr. *Dettweiler*. Geh. San.-Rat. Mit höchstem Komfort ausgestattet, das ganze Jahr hindurch geöffnet und bekannt durch die daselbst geübte intensive Heilmethode sowie Einrichtungen für die Luftruhekur, welche auch im Winter 8—10stündigen Luftgenufs ermöglicht. Volle Pension mit ärztlicher Behandlung 7 Mk. 50 Pf. Zimmer 1 Mk. 50 Pf. bis 7 Mk. 50 Pf. Da die Anstalt fast immer überfüllt ist, frühzeitige Anmeldung rätlich.

Feldberg in Mecklenburg.

Wasserheilanstalt Feldberg. Ärztlicher Leiter: Dr. *Erfurth*. Gesamtes Naturheilverfahren.

Fellbach bei Stuttgart.

Asyl für unheilbare Geisteskranke. Besitzer: *H. Koch*, Wundarzt.

Frankenhausen in Thüringen.

Pensionat für skrofulöse Kinder von 2—14 Jahren. Vorsteherin: Frl. *M. Hankel*. Arzt für Mädchen: San.-Rat *Gräf*; für Knaben: Dr. *Pflug*.

Frankfurt am Main.

1. Poliklinik des Dr. *Gottschalk* für Frauenkrankheiten in der Diakonissen- und Krankenheilanstalt des Bethanien-Vereins, Gaufsstr. 16.

2. Poliklinik des Dr. *Lachmann* für Hals-, Nasen- und Brustkrankheiten, Gaufsstr. 16.

3. Klinik des Dr. *O. Pinner* für chirurgische Fälle, Gaufsstr. 16.

4. Schwedisches Institut für manuelle Behandlung der Krankheiten, Kettenhofweg 1.

Freiburg in Baden.

Hilda-Kinderhospital, Albertstraße 21. Ärztlicher Leiter: Professor Dr. *Thomas*. Für innere, nicht ansteckende Kinderkrankheiten.

Fridau, Ktn. Solothurn, Schweiz.

Kuranstalt für Lungenkranke und Rekonvalescenten. Arzt: Dr. *Christen*.

Friedland in Ober-Schlesien.

Heilanstalt des Dr. *Thomalla*, für Chirurgie und Augenheilkunde.

Alle chirurgisch und Augenkranken, sowie alte Luesiker (Syphilitische) finden Aufnahme und Heilung. Ebenso chronisch Magenkranke. Vorhergehende Anfrage erwünscht.

Friedrichroda in Thüringen.

Sanatorium Friedrichroda. Besitzer: Dr. med. *Kothe*. Für Nervenkrankheiten, Nachkur nach Operationen u. s. w.

Frohnleiten bei Graz.

Dr. *Seeliger's* Kaltwasserheilanstalt. Saison von Mai bis Oktober.

Geltschberg bei Leitmeritz, Böhmen.

Wasserheilanstalt, klimat. Kurort, Eisenquelle. Arzt: Kaiserl. Rat Dr. *Grimm*. Für Nerven-, Lungen-, Unterleibsleiden, Gicht.

Gemünden a. M. (Bayern).

St. Josefshaus, Erziehungs- und Pflege-Anstalt für Schwachsinnige. Besitzer: *Johann Michael Herberich*. Die Anstalt gliedert sich in zwei räumlich getrennte Abteilungen: a) die Unterrichtsabteilung; b) die Pflegeabteilung (Asyl), bietet Raum für 120 Zöglinge bezw. Pfleglinge und ist kürzlich durch einen Neubau erweitert worden. Herrliche Lage in unmittelbarer Nähe des Waldes, sorgfältige körperliche und geistige Pflege durch Ordensschwestern unter pädagogischer Leitung. Pensionspreis: 360 Mk. jährlich.

Genf, in der Schweiz.

Etablissement Hydrothérapique in Champel bei Genf. Arzt: Dr. *P. Glatz*. Für Nervenkrankheiten Hysterie, Neurasthenie).

Gera, Reufs j. L.

1. Augenheilanstalt des Dr. *Schrader*. Humboldt-strafse 2—4.
2. Privatheilanstalt für Frauenkrankheiten von Dr. *Grasemann*. Luisenstr. 10.

St. Gilgenberg bei Bayreuth.

Asyl St. Gilgenberg. Besitzer: Dr. med. *Aug. Falco*. Privatheilanstalt für Nerven- und Gemütskranke.

Asyl St. Gilgenberg. Die Anstalt für Kranke männlichen Geschlechts, im Jahre 1862 von Dr. Falco gegründet, liegt sehr anmutig auf einer Höhe am Ausgange des Ortes, in nächster Nähe des früher herzogl. württemb. Schlofsparks «Fantaisie», inmitten ausgedehnter Gärten und Anlagen. Pension 225 Mk. monatlich.

Privat-Heilanstalten.

Gleisweiler bei Landau i. d. Pfalz.

Heilanstalt des Dr. med. *Ed. Schneider.* Für chronische Kranke, Rekonvalescenten und Luftfrischler.

Gleisweiler (Pfalz) erfreut sich durch die Reichhaltigkeit seiner Heilmittel, sowie durch seine hervorragend gesunde und milde Lage und kräftigende Gebirgsluft der denkbar besten Heilerfolge. Jede Auskunft durch Dr. Schneider.

Gleiwitz.

Augen- und Ohrenheilanstalt für Oberschlesien in Gleiwitz. Chefarzt: Stabsarzt a. D. *Strauer*.

Glogau.

Privat-Krankenanstalt der Grauen Schwestern von St. Elisabeth. Chirurg. Krankheiten (Dr. *Kramer*) und Augenkrankheiten (Dr. *Remak*).

Godesberg bei Bonn.

Wasserheilanstalt. Besitzer: *Kreuzel.* Arzt: Dr. *Gerber.* Das ganze Jahr geöffnet.

Görbersdorf in Schlesien.

I. Dr. *Brehmer's* Heilanstalt für Lungenkranke.

Die Anstalt Dr. Brehmer's ist die erste und bis jetzt die einzige, welche 1854 auf dem Kontinent ausschliefslich für Lungenkranke gegründet worden ist. Sie liegt in einem engen Thal, dessen Bewohner durch klimatische Verhältnisse fast vollkommen frei von Lungenschwindsucht sind. Nur die Mitte des Thales ist Winden direkt ausgesetzt. Die Anstalt des Dr. Brehmer liegt windgeschützt zwischen Storchberg und Reichmacher; an diesem ziehen sich die Anlagen der Anstalt auf allmählich ansteigenden Wegen durch Tannenhochwald hin bis auf die der Anstalt gehörigen Berge. Die Länge dieser Kunstwege beträgt cirka 14 Kilometer, und das zusammenhängende Areal, das den Anlagen gewidmet ist, beträgt ca. 200 Morgen, wovon 150 Morgen Tannenhochwald. An den Wegen sind gegen 500 Bänke aufgestellt, und viele Pavillons ermöglichen das Ausruhen bei jedem Wetter.

Die Pension für Wohnung, Bedienung, Bäder und vollständige Beköstigung mit Milch- resp. Kefirkur beträgt pro Woche 36—60 Mk., ausschliefslich bedingt durch die Wahl der Stube.

In den Speisesälen ist Kosmos-Ventilation, und ebenso sind Kühlapparate angebracht, welche ein Steigen der Temperatur über 15" R. hindern.

Wagen werden bei rechtzeitiger Meldung nach Bahnhof Friedland oder Dittersbach gesandt.

Über die Anstalt siehe: Europäische Wanderbilder No. 34/35. 1 Mk.

Über die Heilmethode selbst siehe: Die Therapie der chronischen Lungenschwindsucht von Dr. Brehmer. II. Auflage. (Erscheint gleichzeitig in französischer, englischer und italienischer Übersetzung bei J. F. Bergmann in Wiesbaden.)

Über die Resultate und Leistungen der Heilanstalt siehe: Mitteilungen aus Dr. Brehmer's Heilanstalt für Lungenkranke. Bei J. F. Bergmann in Wiesbaden.

2. Dr. *Römpler's* Heilanstalt für Lungenkranke.

Seit 1875 unter der ärztlichen Leitung ihres Besitzers, in erster Linie den neuesten Errungenschaften auf hygienischem Gebiete gerecht werdend, mit allem für Kranke wünschenswerten Komfort ausgestattet. Kurhaus und 2 Villen im Anstaltsparke, an welchen sich ausgedehnte, wohlgepflegte Spazierwege im Walde anschliefsen. Grofser, gut ventilierter Wintergarten, Wandelbahn und Kolonnaden. Liegehalle zur Freiluftkur sich unmittelbar an das Kurhaus anschliefsend. Spezialbehandlung für Kehlkopf-, Nasen- und Ohrenleiden. Pension (5 Mahlzeiten täglich inkl. Milch) 30 Mk. pro Woche. Zimmer von 7 Mk. aufwärts. Sommer- und Winterkur.

Görlitz.

1. Nervenheilanstalt des Dr. *Kahlbaum*, Querstrafse 12 u. 13.
Enthält in gesonderten Abteilungen und durch Gärten getrennten Häusern:
  1. Offene Kuranstalt u. Pensionat für leichte Nervenkranke (Neurasthenie, Hysterie, Hypochondrie, Morphinismus, Neuralgie u. s. w.).
  2. Heil- und Pflegeanstalt für Nerven- und Gemütskranke.
  3. Ärztliches Pädagogium für kindliche und jugendliche Nervenkranke mit vollständig organisierter Schule (Gemütsstörungen, moral insanity, Entwickelungsstörungen u. s. w., nicht aber eigentliche Idiotie).

2. Augenheilanstalt, Bismarckstr. 25. Besitzer: Dr. *Landsberg*.

3. Augenklinik von Dr. *Lefshafft* und Dr. *Meylffer*, Mittelstrafse 1.
I., II. u. III. Kl. zusammen 36 Betten.

4. Gynäkologische Privatklinik, Wilhelmsplatz 12. Besitzer: Dr. *Menzel*. Für Frauenkrankheiten und Geburtshilfe.

5. Privat-Heil- und Pflegeanstalt für weibliche Kranke, Dresdnerplatz 8. Besitzerin: Frau Sanitätsrat *Hellmann*. Arzt: Kreisphysikus Dr. *Mephöfer*. Pension 1500—1800 Mk. je nach den Ansprüchen. Auf Verlangen Prospekt.

Goslar.

Theresienhof. Pflegeanstalt für Erholungs- und Ruhebedürftige. Besitzer: Pastor a. D. *G. Stutzer*.

Graz.

1. Privatheilanstalt f. Augenkranke, Sporgasse 29. Besitzer: Prof. Dr. *A. Birnbacher*.
2. Sanatorium Mariagrün bei Graz. Dirigier. Arzt: Prof. *von Krafft-Ebing*. Für Nervenleiden mit Ausschlufs von Geisteskranken, Gemütskranken und Epileptischen.

Gurnigel, Ktn. Bern, Schweiz.

Kuranstalt mit Schwefelquellen. Arzt: Dr. *Ed. Verdat*. Für Obstruktion, Leberanschwellung, Hämorrhoiden etc.

Halberstadt.

Privat-Augenheilanstalt des Dr. *Bäumler*.

Halle a. d. Saale.

1. Chirurgische Heilanstalt des Privatdocent Dr. *Leser*. Für chirurgisch und orthopädisch zu behandelnde Kranke.
2. Privatklinik des Prof. Dr. *Oberst* für chirurgische und orthopädische Krankheiten. Besitzer der Anstalt: *J. Liewald*, Hagenstrafse 1.
3. Prof. Dr. *Seeligmüller's* Privat-Anstalt für Nervenkranke.

Hamburg.
1. Frauenärztliche Privat-Heilanstalt des Dr. *Prochownick*, An der Alster 60. Für Frauenkrankheiten. Dirigent: Dr. *Prochownick*. Assistenzarzt: Dr. *F. Späth*. Verwalterin: Frl. *L. Westerich*. Kosten per Tag: I. Kl. Mk. 10,—, II. Kl. Mk. 7,50, III. Kl. Mk. 4,—, alles eingeschlossen aufser Wein und Behandlungshonorar.
2. Privatklinik des Dr. med. *F. Wolter*, St. Georg, Böckmannstr. 42. Besonders für chronische Krankheiten.

Einige chronische Kranke finden neben ärztlicher Überwachung und Pflege alle Annehmlichkeiten privater Verhältnisse. Arzt und Pflegerin ständig im Hause.
3. Dr. *Unna's* Heilanstalt für Hautkrankheiten. Wochenpreise, inkl. ärztliches Honorar: I. Kl. 100 Mk., II. Kl. 60 Mk., III. Kl. 30 Mk.
4. Privatkrankenhaus der Frau Dr. *Noodt*, St. Georg, Alterweg 29. Für Operationen, Haut-, Nerven- und Augenkrankheiten, Rekonvalescenten.

Hangenbieten bei Strafsburg i. Els.
Wasserheilanstalt Hangenbieten. Besitzer und Leiter: Dr. *L. Flocker*. Für chronische und organische sowie Krankheiten des Nervensystems (Geisteskrankheiten ausgeschlossen).
(Gegründet 1853.) Rationelles Wasserheilverfahren. Electrotherapie (elektrische Bäder). Massage. Diät- und Entziehungskuren. Alle Proceduren werden unter Aufsicht des dirigirenden Arztes ausgeführt. Preise mäfsig.

Hannover.
Privatklinik für Augenkranke von San.-Rat Dr. *Dürr*, Heckengang 7a.

Harzburg.

1. **Villa Dreyer.** Besitzer: Dr. med. *Otto Dreyer*. Für Frauen- und Nervenkrankheiten mit Ausschluſs von Geisteskrankheiten.

Das ganze Jahr besucht. Massage, Elektrotherapie, Mastkur, medizin. Bäder, Hydrotherapie. — Preise: für volle Beköstigung, Heizung, Licht pro Tag u. Zimmer — je nach Gröſse und Lage — von 6—7,50 Mk. Prospekte. Dr. med. *Otto Dreyer*.

2. **Villa Münzel.** Besitzer: Dr. med. *Münzel*. Diätetische und Wasser-Heilanstalt. Für chronische innere Kranke, denen ärztliche Aufsicht nötig ist.

Heidelberg.

Prof. Dr. *Schweninger's* Sanatorium Schloſs Heidelberg, 1887 von einer Aktiengesellschaft erbaut.

Hildesheim.

Pensionat für Nerven- und Gemütskranke. Besitzer: Dr. med. *F. Dickmann*.

Drei bis fünf **ruhige** Kranke finden Aufnahme in der **Familie**.

Hofheim am Taunus.

Wasserheilanstalt. Ärzte: Dr. *Fenner* u. Dr. *Kaeſs*.

Hohenwestedt in Holstein.

Dr. *Krogh's* Privatheilanstalt für Nerven- und Gemütskranke weiblichen Geschlechts.

Pension 150—200 Mk. monatlich, je nach Gröſse des Zimmers. Aufnahme nur ruhiger Kranker. Familienpflege. Höchste Zahl der Aufzunehmenden 10. Näheres durch Prospekt.

Holzkamp bei Delmenhorst in Oldenburg.

Pflege-Anstalt für Geisteskranke. Besitzer *C. Breithaupt*. Die Anstalt besteht seit 1819 und ist für leicht und schwer Geisteskranke eingerichtet. Verkehr in der Familie, möglichst viele Freiheit, ausgedehnte Gärten, Laub- und Nadelwald.

Homburg vor der Höhe.

1. Heilanstalt für Massage, Elektrotherapie und Wasserbehandlung von Dr. *Hühnerfauth*. Dorotheenstrafse 45.
2. Sanatorium für chronische Kranke und Rekonvalescenten. Arzt: Dr. *Lommel*. Luisenstr. 43.

Hořička in Böhmen.

Privatheilanstalt für chirurgische Kranke des Dr. *Alois Kutik*. Für Knochenbrüche und Verrenkungen.

Bad Horn bei Rorschach am Bodensee.

Kuranstalt BadHorn. Leitender Arzt: Dr. *Frenkel*. Für Krankheiten des Nervensystems.
Spezial-Institut zur Behandlung der Hysterie und der funktionellen Neurosen.

Hradzen bei Staab in Böhmen.

Chirurgische Heilanstalt des Dr. *Anton Linhart*. Für Neubildungen, Mifsbildungen, Verletzungen.

Idstein am Taunus.

Idioten-Anstalt. Direktor: *J. Schwenk*. Für geistig Zurückgebliebene, Schwachsinnige und idiotische Taubstumme.

Jena.

1. Vereinigte Privatkliniken der Professoren DDr. *Binswanger*, *Riedel* und *Rofsbach*. Vorsteherin der Anstalt: Frau *Bertha Meyer*. Vor dem Erfurter Thor 4. Für Nervenkrankheiten, interne und chirurgische Krankheiten.
2. Privatklinik des Prof. *Kessel* für Ohrenkranke.

Ilmenau in Thüringen.

Dr. *Hassenstein's* Sanatorium für Nervenleidende. Besitzer: Badearzt Dr. *Hassenstein*. Für Nervenkrankheiten.

Ilsenburg am Harz.

Dr. *Stephan's* Kuranstalt für Bleichsucht, Blutarmut, Nervenleiden, chron. Verdauungsstörungen.

Immenstadt in Bayern.

Wasserheilanstalt des Dr. *C. Uherek*.

Inselbad bei Paderborn.

Heilanstalt für Asthmatiker. Arzt: Direktor Dr. *Brügelmann*. Für Nasen-, Hals- und Brustleiden.

Johannisberg am Rhein.

Kuranstalt für Nervenleidende (mit strengem Ausschlufs Geisteskranker). Vorwiegend bei allgemeiner Nervosität, Neurasthenie, Hysterie, Morphiumsucht. Besitzer: Dr. med. *Ewald Hecker*. Überaus gleichmäfsiges, nicht erschlaffendes Klima, besonders auch für Winterkur geeignet. Herrliche Lage, zahlreiche, lohnendste Ausflüge. Grofser, schattiger Park. Pensionspreis 250—500 Mk.

Jordanbad bei Biberach.

Wasserheilanstalt nach Kneipp'schem Verfahren. Arzt: Dr. *J. Stützle*.

Bad Ischl.

Wasserheilanstalt des Dr. *Hertzka*.

Itzehoe in Holstein.

Julienstift, Krankenhaus für Kranke jeglicher Art mit Ausnahme von Geisteskranken und Hochschwangeren. Dirig. Arzt: San.-Rat Dr. *Claufsen*.

Kaltenleutgeben bei Wien.

1. Wasserheilanstalt des Dr. *W. Winternitz*.
2. Wasserheilanstalt des Dr. *Emmel*.

Karlsruhe in Baden.

1. Dr. *Benkiser's* Privatklinik für Frauenkrankheiten.
2. Chirurgische Privatheilanstalt des Dr. *L. Gutsch*, Kaiserstr. 182. Für Chirurgie und Gynakologie.
3. Mediko-mechanisches Institut. Besitzer: *E. Lembke*. Leitender Arzt: Dr. *Resch*. Für Herz-, Unterleibs- und chirurgische Krankheiten (Verkrümmungen).

Keuschberg bei Station Dürrenberg.

Privat-Irrenheil- und Pflegeanstalt, Asyl für nervenkranke Damen unter Leitung von Fräulein *Fr. Bauer*.

Bad Kissingen.

1. Pneumatische Anstalt und Sole - Inhalatorium des Dr. *Dietz*. Für Krankheiten der Luftwege. Grofses Sole - Inhalatorium. Pneumatische Kammer, Geigel-Meyer'scher Apparat. Kiefernadel-Inhalatorium. Heilanstalt für Asthma, Emphysem, chron. Katarrhe der Nase, des Rachens, des Kehlkopfes und der Bronchien.
2. Wasserheilanstalt «Marienbad» von Dr. *Ising*.
3. Heilanstalt für Magenkranke von Dr. Freiherr *von Sohlern*. Für Magen- und Darmkrankheiten.

Behandlung unabhängig von den Saisonverhältnissen. Die mit Magenkrankheiten meist verbundenen Darmerkrankungen finden gleicherweise ihre Behandlung. Diese besteht in einer dem Individuum auf Grund ganz exakter äufserer und innerer Untersuchung vorgeschriebenen und streng im Hause durchgeführten Diät. Die Anstalt, 1885 gegründet, mufste 1889 durch einen Neubau von 30 Zimmern vergröfsert werden.

4. Kinderheilanstalt. Leiter der Anstalt: Pfarrer *H. Beck*. Für Skrofulose und Rhachitis.

Klein-Drenzig bei Guben.

Trinker-Heilanstalt. Im Besitz des Brandenburgischen Provinzial-Vereins gegen den Mifsbrauch geistiger Getränke. Schriftführer: Pastor *Reiche*, Berlin, Derfflingerstr. 22a.

Koblenz

Sanatorium des Dr. *de Foys*.

Kochel in Oberbayern.

Kuranstalt mit einer Natronquelle. Arzt: Dr. *Burkart*. Für katarrhalische Erkrankungen.

Köln.

1. Alexianer-Anstalt Köln-Lindenthal. Irrenheil- und Pflege-Anstalt. Leiter: Rektor *Honorius*.
2. Pensions- und Pflege-Anstalt Alexianerkloster, Mauritiussteinweg 59. Vorsteher: *Math. Gilles*.

Königsberg in Ostpreußen.

1. Privatklinik für Frauenkrankheiten von Prof. Dr. *Münster*, Drummstr. 8.
2. Dr. *Th. Treitel's* Augenklinik, Tragheimer Kirchenstr. 8.

Königsbrunn bei Königstein a. Elbe.

Kur- und Wasserheilanstalt von Dr. *Putzar*. Vornehmlich für Nervenkrankheiten.

Königstein im Taunus.

Wasserheilanstalt «Priefsnitzbad». Direktor und Arzt: Med.-Rat Dr. *Pingler*.

Konstanz am Bodensee.

1. Heilanstalt Konstanzer Hof. Besitzer: Dr. *G. Fischer*. Für Nervenkrankheiten mit Ausschluß der Psychosen.
2. Augen-Heilanstalt des Dr. *Karl Tscheppe*.

Bad Kösen.
Kaiserin Auguste Viktoria - Kinderheilstätte. Arzt: Dr. *Löffler.* Für Skrofulose, Rachitis, Blutarmut. Zur Zeit 25 Betten enthaltend, ist die Anstalt besonders für arme Kinder geöffnet vom 1. Mai bis 15. September in 3 Kurperioden von je 6 Wochen. Die Kosten betragen fur arme Kinder 60 Mk. für eine Kurperiode, für bemitteltere 75 Mk. Ausführliche Prospekte vom Anstaltsarzt zu beziehen.

Köthen in Anhalt.
Dr. *Lutze's* Homöopathische Heilanstalt. Sommer und Winter geöffnet. Bäder aller Arten, Massage, Elektrizität. Aufserdem Krankenkorrespondenz und Versand homöopathischer Hausapotheken mit den dazu gehörigen Lehrbüchern.

Kowanowko, Provinz Posen.
Heil- und Pflegeanstalt für Nerven- und Gemütskranke, sowie Wasserheilanstalt. Arzt: Dr. *Winklewski.* Für Rekonvalescenzen, leichte Neurosen, Erschöpfungszustände.

Krefeld.
1. Heilanstalt für Augenkrankheiten von Dr. *Kroll.*
2. Dr. *Emil Senger's* Privatheilanstalt für chirurgische und äufsere Krankheiten.

Kreischa bei Stat. Niedersedlitz in Sachsen.
Wasserheilanstalt und Sanatorium für Nervenkranke, Rekonvalescenten und Syphilis. Dirigier. Arzt: Dr. *Eckebrecht.*

Während des ganzen Jahres geöffnet und gut besucht, bietet die Anstalt neben vorzüglicher Verpflegung Gelegenheit zu Wasserkuren, Elektrotherapie, Massage, Heilgymnastik, systematischen Kuren nach Weir-Mitchell. Oertel und antisyphilitischen Kuren unter sorgsamster ärztlicher Behandlung und Überwachung. Für volle Verpflegung, Heizung und Licht, Wohnung und ärztliche Behandlung pro Tag 7—10 Mk.

Kreuzen in Ober-Österreich.

Wasserheilanstalt. Arzt: Dr. *Fleischhanderl.*

Kreuzlingen bei Konstanz (Schweiz).

Familienpflege. Asyl des Dr. med. *Müller-Pauly.* Für Nervenleiden (Neurasthenie).

Bad Kreuznach.

Sanatorium für Skrofel- und Hautkranke etc. Besitzer: Dr. med. *Friedr. Hermann.* Für Krankheiten der Haut etc.

Das Sanatorium in einer Villa, mit Einrichtung für Sool-, Süfswasser- und Dampfbäder, vereinigt mit den Vorzügen einer angenehmen Pension für die besseren Stände alle Hülfsmittel zur Durchführung einer zur Heilung chronischer Leiden der Haut-Schleimhäute und Sexualorgane neben einer differ. Badekur stets gleichzeitig erforderlichen äufseren und inneren Behandlung bei kurgemäfser Diät. Näheres durch Prospekte.

Kulm.

Privatklinik für chirurgische und Frauenkrankheiten. Besitzer: Dr. *Polcwski.*

Laichingen in Württemberg.

Heilanstalt für Nervenleiden und Gemütskrankheiten von Dr. med. *Emil Majer*. Frei gelegen; in unmittelbarer Nähe des Waldes; von Garten umgeben. Durchaus familiäre individualisierende Behandlung. Krankenzahl nicht mehr als 12. Pensionspreis nach Übereinkommen. Auf Bestellung Wagen an Bahnstation Blaubeuren oder Geislingen.

Bad Landeck in Schlesien.

Kur- und Wasserheilanstalt Thalheim. Besitzer Dr. med. *A. Voelkel*. Für nervöse Erkrankungen, Anomalien der Cirkulation und Verdauung.

Langendiebach bei Hanau a. Main.

Privat-Irren-Heil- und Pflegeanstalt für 8 Kranke beiderlei Geschlechts, vorzugsweise weibliche. Besitzer: Dr. *Calaminus*.

Langenhagen bei Hannover.

Erziehungs- und Pflegeanstalt für Geistesschwache. Direktor und erster Arzt: Dr. *Hulff*. Für Geistesschwäche und kindliches Irresein; Epilepsie.

Anzahl der Kranken: 460. Pensionspreis: I Kl. 600 (750)—2000 Mk.; II Kl. 450 (550) Mk.; III. Kl. 360 (450) Mk. im Jahr, (die eingeklammerten Zahlen für Auswärtige). Unterricht wird erteilt: In der Schule (2 Lehrer, 6 Lehrerinnen) in 10 Klassen; aufserdem in Landwirtschaftlichen-, Garten-, Haus-Handarbeiten und in verschiedenen Handwerksbetrieben von entspr. Werkmeistern.

Lankwitz bei Berlin.

Villa Reinsdorf, in welcher die *Gantz*'sche Privat-Irrenanstalt. Besitzerin: Frau Direktor Witwe *Gantz*.

Lauban in Schlesien.

Familienpensionat für Nervenleidende. Besitzerin: verw. Frau Pastor *Jentsch*. Arzt: San.-Rat Dr. *Völdechen*.

Laubbach bei Koblenz.

Heilanstalt Bad Laubbach. Besitzer: Dr. med. *H. Averbeck*. Für Erkrankungen des Nervensystems, der Unterleibsorgane, Rheumatismus, Gicht, Störungen der Blutcirkulation etc.

Lawsken bei Königsberg i. Pr.

Pflegeanstalt für ruhige Geisteskranke, im Besitz der Geschwister Frl. *Glage*.

Leipe, Kreis Jauer, Reg.-Bez. Liegnitz.

Schlesisches Trinker-Asyl. Anstalt zur Heilung der Trunksucht. Schriftführer des Vereins: Pastor *Hahn*.

Pension jährlich 300—400 Mk.

Leipzig.

1. Klinik für Ohren-, Nasen-, Rachen- und Kehlkopfkranke des Prof. Dr. *R. Hagen*.
2. Kinder- und Frauenheilanstalt des Prof. Dr. *Karl Hennig*, Karolinenstr. 31.
3. Privatklinik für gynäkologische, chirurgische und Augen-Kranke, Marienstr. 10. Besitzerin: Fr. *Hedwig Kübler*.

Ärzte: Professor Dr. Zweifel, Docent Dr. Kölliker, Docent Dr. Schön. Die Anstalt verfügt über 18 Betten.

4. **Chirurgische Privatklinik** des Prof. Dr. *Landerer*, Centralstr. 7.
12 Betten, Garten am Hause. Assistenzarzt Dr. Heuer.

5. **Heilanstalt für chirurgisch Kranke** des Dr. med. Freiherrn *von Lesser*, Emilienstr. 22.

6. **Privatklinik für Haut- und Geschlechtskrankheiten**, Rofsstrafse 9. Besitzer: Dr. *E. Lesser*.

7. **Gynäkologische Privatklinik** des Dr. Sachse, Nürnbergerstr. 8.
Die seit dem Jahre 1886 bestehende Anstalt nimmt operative gynäkologische Fälle zu jeder Zeit auf. Pensionspreise 4—10 Mk. pro Tag. Anmeldungen sind zu richten an den im Hause wohnenden Leiter der Klinik, Dr. med. A. Sachse, Frauenarzt u. Hebammenlehrer der königl. Universitäts-Frauenklinik, Nürnberger Strafse 8.

8. **Gynäkologische Privatklinik** von Docent Dr. *Sänger*, Nürnbergerstr. 48.
Privatklinik für Frauenkrankheiten von Docent Dr. med. M. Sänger, Leipzig, Nürnbergerstr. 48. Die Klinik verfügt über 14 Betten. Assistenzarzt: Dr. C. Heyder. Oberin: Frau Friederike verwitw. Dr. Thieme, geb. v. Broizem.

9. **Chirurgische Privatklinik** des Prof. Dr. *Tillmanns*, Kreuzstr. 6.

10. **Privatklinik für chirurgische und Frauen-Krankheiten**, Kurprinzstr. 9. Besitzer: Dr. *von Tischendorf*.
Die Anstalt ist in bester Lage Leipzigs unmittelbar am Promenadenringe der Stadt luftig

und frei gelegen und für chirurgische Kranke jeder Art, sowie insbes. für operativer Hülfe bedürfende Frauen aufs beste eingerichtet. Pensionspreis 4—12 Mk. täglich, exkl. Honorar. Prospekte auf Wunsch gratis. Telephon I 1227. Dirig. Arzt (wohnt im Hause selbst): Dr. v. Tischendorf. Assistenzarzt: Dr. Stern.

II. Heilanstalt für Hautkrankheiten von Dr. *Ihle* und Dr. *Taenzer* in Lindenau bei Leipzig, Bernhardstr. 15.

Die Anstalt, bestehend aus mehreren Villengebäuden, liegt inmitten eines alten Parkes. Für Unterhaltungen in Haus und Garten ist reichlich gesorgt. Weitgehendsten wie einfachen Ansprüchen wird Rechnung getragen. Verbindung mit Leipzig durch 2 Pferdebahnen. Näheres durch Prospekte.

Dr. Ihle. Dr. Taenzer.

Leschnitz.

Erziehungsanstalt für schwachsinnige, aber bildungsfähige Kinder. Kreisschulinspektor *Weichert*.

Lichterfelde (Grofs-) bei Berlin, Anhalter Bahn.

Sanatorium für Nervenkranke. Besitzer: Dr. *Goldstein* und Dr. *Lilienfeld*.

Bad Liebenstein.

Kur- und Wasserheilanstalt von San.-Rat Dr. *Lasse*, vorm. Martiny's Wasserheilanstalt.

Meine Kuranstalt bietet sämtliche Kurmittel für Nervenkranke; gute Wohnung und Verpflegung im Hause. Dr. Hesse.

Liegnitz.
Augenheilanstalt für Niederschlesien. Ärztlicher Leiter: Dr. *Kretschmer*.

Lobenstein.
Stahl- und Moorbad, Kaltwasserheilanstalt. Leiter: San.-Rat Dr. *Aschenbach*. Für Blutarmut, Frauenkrankheiten, Nervenleiden u. s. w.

Ludwigsburg in Württemberg.
1. Augenheilanstalt d. Geh. Hofrat Dr. *v. Höring*.
2. Privat-Irrenanstalt von *Fr. Kraufs*.

Magdeburg.
1. Privatklinik für Frauenkrankheiten von Dr. *Brennecke*, Magdeburg-Sudenburg, Westendstr. 35.
2. Privatklinik für Chirurgie u. Hautkrankheiten, Albrechtstr. 3. Besitzer: Dr. *Martin* und Dr. *Schede*.
3. Heilanstalt für Frauenkrankheiten von Dr. *Wilhelm Thorn*. Augustastr. 18.
Die Anstalt nimmt gynäkologische Fälle jeder Art und geburtshilfliche Fälle, die einer besonderen Überwachung resp. der Kunsthilfe bedürfen, auf. Anzahl der Betten: 14.
Verpflegungssätze:
I. Kl.: 7,50 — 10 Mk.
II. „ 5 Mk.
III. „ 3 „
Oberin: Frau Amalie Engelhard.

Mainz.
Dr. *Keller's* Augenklinik, Grofse Bleiche 32.

Mammern bei Konstanz, Schweiz.

Wasserheilanstalt; Anstalt für Massage, Diätkuren. Ärzte: Dr. *Maienfisch* und Dr. *Ullmann*.

Marbach am Untersee, Schweiz

Heilanstalt Schlofs Marbach am Bodensee. Ärzte: Dr. *Prenkel* und Dr. *Smith*. Für Störungen des Nervenlebens, des Blutkreislaufs, Blutarmut, Rekonvalescenten etc.

Marburg.

Vereinigte Privatkliniken, Rother Graben 28. Leiterin: Frl. *P. Meyer*. Für chirurgische und Nervenkrankheiten.

Markdorf bei Friedrichshafen am Bodensee.

Privatheilanstalt des Dr. *Kraufs* für Frauenkrankheiten und Nervenleiden.

Für unterleibskranke, nervenleidende sowie erholungsbedürftige Frauen. Kaltwasserbehandlung, Sol- und Moorbäder, Massage, Diätkuren. Pensionstaxe: I. Kl. 5 Mk., II. Kl. 3,50 Mk.

Meiningen.

Augenheilanstalt des Hofrat Dr. *Wagner*.

Meran in Tirol.

Vom 1. Oktober bis 15. Mai. Dr. *Schreiber's* Wasserheilanstalt «Hygiea». Besitzer: Dr. Schreiber.

Dr. Schreiber's Naturheilanstalt «Hygiea». Saal für Massage und Heilgymnastik. — Aller Komfort. Vollständige Pension für Nerven-, Magenleidende, Rheumatische, Rekonvalescenten, Wasserkurbedürftige.

Metz.

Augen-Heilanstalt der Espérance-Schwestern, Bahnhofswall 21. Ärztlicher Leiter: Dr. *v. Mittelstaedt*.

Michelstadt im Odenwald.

Wasserheilanstalt des Dr. med. *Scharfenberg*. Für Nerven- und rheumatische Krankheiten.

Minden in Westfalen.

Chirurgische Privatklinik. Besitzer: Dr. *Walzberg* und Dr. *Happel*. Für chirurgische u. Augenleiden. Aufnahme während des ganzen Jahres. Verpflegung I. Kl. = 5 Mk. (Separatzimmer) und II. Kl. = 4 Mk. (2 resp. 3 Kranke in einem Zimmer) einschliefsl. laufende Behandlung, ausschliefsl. Operationen und Apotheke resp. Verbandstoffe. Für minder Bemittelte und Kassenmitglieder niedrigere Sätze nach Vereinbarung.

Mühlhausen in Thüringen.

Frauenklinik des Dr. *Boeckmann*, am Lindenbühl.

Die Klinik liegt unmittelbar an der Stadt in reizvoller Umgebung an einer alten Lindenallee. Ihre Einrichtungen entsprechen allen modernen Anforderungen der Wissenschaft und des Komforts. Pensionspreis pro Tag 10 Mk.

Mülhausen im Elsafs.

Augenklinik des Dr. *Hersing*.

In der Wohnung des Arztes, mit schattigem Garten.

München.

1. Homöopathisches Spital, Heustr. 12. Ärzte Dr. *Köck* und Dr. *Quaglio*. Für innere Krankheiten, nach homöopath. Grundsätzen.

2. Heilanstalt für Sprachkranke (Stammeln und Stottern). Besitzer: *Alois Gentner*, Schillerstr. 28. Seit 1871 bestehend, vom kgl. Staatsministerium empfohlen, von Regierung und Magistrat subventioniert.

Münchenbuchsee bei Bern, Schweiz.

Privat-Irrenanstalt Straub. Besitzerin: Frau *Hyfs*. Arzt: Dr. *G. Glaser*. Für Geistes- und Nerven-Krankheiten.

Münster in Westfalen.

Orthopädische Heilanstalt. Kurator: *Ed. Hüffer*. Dirigierender Arzt: Dr. *Chr. Temmink*. Für Gelenkverkrümmungen.

Grofs-Müritz in Mecklenburg.

Seehospiz für kranke Kinder. Im Sommer vom 1. Juni ab geöffnet. Anmeldungen zu senden an Herrn Geh. Med.-Rat Dr. *Mettenheimer* in Schwerin in Mecklbg.

Nassau an der Lahn.

1. Kurhaus Bad Nassau, Wasserheilanstalt. Dirigierender Arzt: Dr. *E. Poensgen*. Für Nerven-, überhaupt chronische Krankheiten.

Pensionspreis: Mk. 6,50—11.00 pro Tag. Das ganze Jahr hindurch geöffnet. Alles Nähere durch Prospekte.

2. Idioten-Anstalt bei Nassau s. u. Scheuern.

Neinstedt am Harz.

Elisabeth-Stift. Erziehungsanstalt für Schwachsinnige und Blödsinnige. Heil- und Pflegeanstalt für Epileptische. Direktor: Pastor *Kobelt*.

Bad Nenndorf.

Privatkuranstalt in der Villa des Dr. *Ewe*, königl. Brunnenarzt und Stabsarzt a. D. Für Gicht, Rheumatismus, Knochenleiden, Lähmungen, Metallvergiftungen u. s. w.

Während der staatlichen Kurzeit des königl. Schwefel-, Sole- und Schlammbades Nenndorf (1. Mai bis 1. Oktober) in Villa Dr. Ewe sehr gute und preiswürdige Wohnungen, auf Wunsch auch mit voller Verpflegung, täglich von 5,25 bis 8,00 Mk.

Prospekte unentgeltlich und postfrei.

Neuendettelsau in Mittelfranken.

Pflegeanstalt für weibliche Blöde und Epileptische. Verwaltung: Direktorium der Diakonissen-Anstalt. Anstaltsarzt: Dr. *H. Dietlen*.

Beide Anstalten überfüllt; Erweiterung geplant.

Neuhausen bei München.

Heilanstalt Neu-Wittelsbach, s. u. Neu-Wittelsbach.

Neurakoczy bei Halle a. S.

Kuranstalt mit Quellen, welche dem Kissinger Rakoczy ähnlich sind. Arzt: Dr. *Steinbrück*. Für Unterleibsvollblütigkeit, Skrofeln, beginnende Phthise und chronische Bronchialkatarrhe.

Neu-Schmecks in der Tatra.

Heilanstalt für Lungenkranke. Besitzer: Dr. med. *Vic. von Szontagh*. Zwei Sanatorien zum Winteraufenthalt.

Neuveville, Schweiz.

Asyl Bellevue für Nerven- und Geisteskrankheiten. Besitzerin: Frau Dr. *Scherer*. Arzt: Dr. *Burger*.

Neuwittelsbach bei München.

Kuranstalt «Neuwittelsbach» für Nervenkrankheiten, chronische Krankheiten der Verdauungsorgane. Besitzer: Dr. *Rudolf von Hoefslin*.

Die Kuranstalt Neuwittelsbach liegt in unmittelbarer Nähe Münchens, enthält 31 Krankenzimmer und ist sehr elegant und mit allem Komfort eingerichtet. Beste Einrichtungen für Hydrotherapie, Gymnastik, Elektrotherapie. Aufnahme finden alle chronisch Kranken mit Ausnahme der Gemüts- und Geisteskranken. Eigene Küche für Krankheiten der Verdauungsorgane.

Nidelbad bei Zurich.

Dr. *Wiel*'sche diätetische Heilanstalt, siehe unter Zürich.

Niederlöfsnitz bei Dresden.

1. Kuranstalt Schlofs Niederlöfsnitz. Dirig. Arzt: Dr. *Max Sartig*. Für Krankheiten der Atmungsorgane, des Nervensystems, der Unterleibsorgane etc.

2. Dr. *Kadner's* Sanatorium für Ernährungsanomalien, Nervosität, Fettsucht, Gicht, Diabetes, Magenleiden.

Niederwalluf im Rheingau.

Physikalisch-diätetische Heilanstalt. Arzt: Dr. *Loh*. Für Nervenleiden, Magen- und Unterleibskrankheiten etc. Geisteskranke sind ausgeschlossen. Die Erfolge gründen sich bei streng individueller Behandlung auf eine 25 jährige Praxis des Dirigenten, früher in Bad Brunnthal und Cannstatt. — Wöchentliche Kosten Mk. 45—75.

Norderney.

Seehospiz für kranke Kinder; namentlich Skrofeln, Blutarmut, beginnende Phthisis. Anmeldungen sind zu richten an die Verwaltung des Seehospizes in Norderney.

Obernigk in Schlesien.

1. Kur- und Wasserheilanstalt mit Pensionat «Felicienquell». Besitzer: *A. W. Gellrich*. Arzt: Dr. *Weisbach*. Für Nervenleiden, Rheumatismen, Magenleiden etc. Geisteskranke ausgeschlossen.

Die Anstalt bietet angenehmen, dabei wohlfeilsten Aufenthalt im Winter wie Sommer. Park, grofse Nadelwälder. Hügellandschaft, anerkannt heilsame Luft. Anregende Geselligkeit und Familienanschlufs. Prospekte frei.

2. Dr. Kleudgen'sche Heil- und Pflegeanstalt für Nerven- und Gemütskranke.

3. Sadebeck'sche offene Pflege-Anstalt für Schwache und Kranke.

Heilbare, unheilbare Nerven- und Krämpfekranke, Schwache und körperlich Sieche, in

2 Abteilungen, schöne Gärten etc. Besitzerin Frau Pastor *Sadebeck*. Anstaltsarzt. Prospekte gratis.

Oberwaid bei St. Gallen, Schweiz.

Vegetarianische Kuranstalt, vormals Hahn'sche Naturheilanstalt.

Oravicza in Ungarn.

Wasserheilanstalt, 812 m ü. M. Arzt: Dr. *Hoffenreich*.

Pankow bei Berlin.

1. Anstalt für Geisteskranke, Wollankstr. 125. Besitzer: *G. A. Reyer*. Konsult. Arzt: Prof. Dr. *Mendel* in Berlin. Dirig. Arzt: Dr. *Schäfer* in Pankow.

2. *Richter*'sche (früher Mendel'sche) Privat-Heil- und Pflege-Anstalt für Gemüts- und Geisteskranke. Breitestr. 18/19. Chefarzt: San.-Rat Dr. *Mittenzweig*, kgl. gerichtl. Stadtphysikus.

Die Anstalt besteht aus zwei Abteilungen je für Damen und Herren und nimmt Nervenkranke mit psychischer Alteration und Gemutskranke sowie psychisch alterierte Alkoholisten und Morphinisten auf. Zur Anstalt gehören 7 lediglich für Kranke bestimmte Gebäude mit dazugehörenden Gärten und ein mit alten Bäumen besetzter Park.

Näheres über Aufnahme-Bedingungen etc. ergeben die Prospekte, welche auf Wunsch gratis erfolgen.

Paterswalde in Ostpreufsen.

Privat-Irrenpflegeanstalt. Besitzer: Gutsbesitzer *Rade*.

Die Anstalt ist Pflege-Anstalt für ruhige unheilbare männliche Geisteskranke und Idioten. Der Pflegesatz ist 750 Mk. pro anno. Sie ist angrenzend mit der Provinzial-Anstalt Allenberg, Kreis Wehlau, Ost-Pr.

Pfingstweide in Württemberg.

Pflege- und Bewahranstalt für erwachsene männliche Epileptische. Vorstand: Stadtpfarrer *Pezold* in Friedrichshafen am Bodensee.

Pfullingen in Württemberg.

Heil- und Pflegeanstalt für psychisch Kranke und Nervenleidende im Schlofs zu Pfullingen in Verbindung mit der landwirtschaftlichen Kolonie Alte-Burg von Hofrat Dr. *Otto Flamm.*

Pirna a. d. Elbe, bei Dresden.

Privatheilanstalt des Dr. *R. H. Pierson* für Gemütskranke.

Fernsprechverbindung mit Dresden und Berlin, No. 771. Die Anstalt, im J. 1833 gegründet, liegt am Eingang in die Sächsische Schweiz. Sie besteht aus mehreren Gebäuden, welche durch einen ausgedehnten Park verbunden sind, und ist mit allem Komfort eingerichtet. Pensionspreis, je nach den Ansprüchen, 200—300 Mk. monatlich.

Polsingen bei Öttingen in Mittelfranken.

Pflegeanstalt für männliche Blöde und Epileptische. Direktorium der Diakonissen-Anstalt. Arzt: Dr. *Dietlen.*

Pöpelwitz bei Breslau.
Heil- und Bewahranstalt für Geisteskranke. Besitzer: Dr. *Eicke*.

Posen.
1. Frauenklinik des Dr. *von Świecicki*, im Palais Zamoyski. Die Aufnahme in die Anstalt kann nur nach vorheriger Rücksprache mit dem dirigierenden Arzte erfolgen. Es werden fast ausschliefslich operative Fälle aufgenommen und die Anstalt dient lediglich zur klinischen Behandlung von Frauenkrankheiten. Pensionspreis pro Tag in der ersten Klasse 10 Mk., in der zweiten Klasse 4 Mk., in der dritten Klasse 2 Mk. Ärztliche Behandlung wird besonders berechnet und beim Verlassen der Anstalt beglichen.

2. Augenkliniken des Dr. *Bol. Wicherkiewicz*, St. Martin 6.

Priefsnitzthal, unweit Wien.
Wasserheilanstalt nach Priefsnitz'schen Grundsätzen. Besitzer: Dr. med. *Josef Weifs*.

Pyrmont.
Heilanstalt für Frauenkrankheiten von Dr. *A. Schücking*.

St. Radegund in Steiermark.
Wasserheilanstalt. Besitzer: Dr. *G. Novy*. Für alle chronischen Krankheiten mit Ausnahme von Lungenkrankheiten.

Regensberg, Ktn. Zürich, Schweiz.
Erziehungs-Anstalt für schwachsinnige Knaben auf Schlofs Regensberg. Direktor: *R. Kölle*.

Regensburg

Augenklinik von Dr. *Brunhuber*.

Rehburg.

Dr. *Peter Kaatzer's* Privatheilanstalt für Lungenkranke.

Reiboldsgrün in Sachsen.

Dr. Driver's Heilanstalt für Lungenkranke. Besitzer: Dr. med. *Driver*.

Bekannt als die am höchsten und zweckmäfsigsten gelegene, besteingerichtete und durch ganz besondere Erfolge ausgezeichnete **Waldgebirgsheilanstalt**. Preise sehr mäfsig: 5 bis 8 Mk. täglich für volle Verpflegung, Zimmer, ärztl. Behandlung, Bäder etc. Da Anstalt **Sommer** und **Winter** durchweg überfüllt (130 Zimmer), Anfrage nötig. Prospekte durch die Verwaltung; Dr. Driver's hygieinischer Ratgeber für Lungenkranke durch jede Buchhandlung.

Reinbek bei Hamburg.

Sophienbad. Dirigier. Arzt: Dr. *Paul Hennings*. Für sämtliche Nervenkrankheiten (ausgeschlossen Geisteskranke und Epileptiker), Rheumatismus, Gicht, Anämie, Chlorose, Skrofulose, Syphilis etc.

Das Sophienbad, herrlich inmitten ausgedehnter Waldungen (fürstl. Bismarck'scher Sachsenwald) gelegen, ist das ganze Jahr hindurch geöffnet und besucht. Sehr vollkommene Einrichtungen für Hydrotherapie, Elektrotherapie, Massage, Heilgymnastik und Pneumatotherapie. Komfortable Einrichtung. Bei voller Pension und Kurgebrauch etc. Wochenpreis 45,50 bis

77 Mk. Prospekte durch den dirigierenden Arzt Dr. Paul Hennings.

Rellingen bei Pinneberg, Holstein.

Heilanstalt für Nerven- und Gemütskranke. Besitzer: Dr. med. *Ofterdinger*. Für alle Arten von Geistesstörungen.

Remscheid.

Dr. *Hirschmann's* Augen- und Ohren-Heilanstalt.

Rockwinkel bei Bremen.

Dr. *Herm. Engelken's* Privatheilanstalt für Nerven- und Geisteskranke.

Rotenburg, Prov. Hannover.

Asyl zur Pflege Epileptischer. Vorsitzender der Verwaltung: Superintendent *Kottmeier*.

Rothenfelde.

Evangelisches Kinderhospiz für Skrofulose, Blutarmut, Knochen- und Gelenkleiden. Arzt: Dr. *Isermeyer* in Osnabrück.

Saarbrücken.

Augenklinik des Dr. *Schoenemann* zu St. Johann-Saarbrücken.

Salzdetfurth, Reg.-Bez. Hildesheim.

1. Kinderheilanstalt, hauptsächlich für Skrofulose. Vorstand: Gerichts-Direktor *von Rose* in Hildesheim.

2. Privatheilanstalt des Dr. *Wahle* für Frauen- und Kinderkrankheiten, die Solbäder bedürfen.

Salzhemmendorf, Prov. Hannover.

Kurhaus Salzhemmendorf. Besitzer: Dr. med. *Meyer* und Fabrikant *A. H. G. Meyer* in Göttingen. Für Haut- und äufsere Krankheiten.

Sassendorf bei Soest in Westfalen.

Kinder-Heilanstalt. Vorsitzender der Verwaltung: *Fr. v. Bockum-Dolffs* in Sassendorf. Für Skrofulose, Blutarmut, Knochen- und Gelenkleiden. Die Pflege der Kinder erfolgt durch Diakonissinnen aus Bielefeld. — Aufgenommen werden Kinder vom 4. bis 14. Lebensjahre. — Der Pflegesatz wird nach den Verhältnissen der Angehörigen der Kinder berechnet und beträgt für Unbemittelte für eine Kur von 28 Tagen mindestens 35—40 Mark, von Juli bis August und von August bis September jedoch mindestens 45 bis 50 Mark. — Die beiden Winterkuren — Dauer je 3 Monate — kosten mindestens je 60 Mark.

Sayn bei Koblenz.

Israelitische Heil- und Pflegeanstalt für Nerven- und Gemütskranke. Besitzer: *M. Jacoby*. Ärzte: Dr. *Behrendt* und Dr. *Rosenthal*.

Die Anstalt wurde von dem jetzigen Besitzer im Jahre 1869 gegründet und inzwischen durch schöne und komfortabel eingerichtete Neubauten so erweitert, dafs gegenwärtig für 150 Kranke beiderlei Geschlechts Raum vorhanden ist. Die Gebäude liegen inmitten grofser, schattiger Gärten, die den Kranken zur Promenade und in geeigneten Fällen zu landwirtschaftlichen Beschäftigungen zur Verfügung stehen. — Dem Bedürfnis nach religiöser Erbauung wird durch Gottesdienst in der Anstalts-Synagoge an Sabbath- und Feiertagen genügt.

Für geistig zurückgebliebene Kinder besteht eine besondere Abteilung.

Die Pensionspreise betragen fur die I. Kl. 400 Mk., für die II. Klasse 250 Mk. pro Quartal; in der Kinder-Abteilung 200 Mk. pro Quartal.

Scheuern bei Nassau.

Idioten-Anstalt. Leiter der Anstalt: *M. D. Horny*. Für Idiotie, Schwachsinn, Epilepsie.

Die Anstalt besteht seit 1870 und liegt im schönen Lahnthal bei Nassau auf eig. Grundbesitz. Sie hat 100 bildungsf. schwachs. Kinder, die in 6 Kl. unterr. werden und 130 bildungsunf. Pflegl. ohne Unterschied der Konf. Familienartige Gruppierung und Behandlung. Bestand: Mädchenhaus u. Pensionat (Schlofs), Knabenhaus, Asyl (für Epilept.), Krankenhaus, Ökon. u. Filiale mit Mühle für ältere Idioten. Vertreten durch den aus 5 Gliedern best. Vorstand. Auskunft erteilt der Dirigent.

Schinznach, Ktn. Aargau, Schweiz.

Privat-Irrenanstalt in Schinznach-Dorf. Besitzer: Dr. med. *Adolf Herde*.

Schleswig.

1. Idioten-Anstalt. Vorsteher: *F. L. Stender*. Arzt: Dr. *Sager*.

2. *Untiedt*'sche Privat-Irrenanstalt, Pflegeanstalt für unheilbare Geisteskranke.

Schmecks siehe «Neu-Schmecks».

Schöneberg bei Berlin.

Geh. Rat Dr. *Levinstein's* Maison de Santé, Hauptstrafse 17 — 19. Besitzerin: Frau Geh. Rat *Marie Levinstein*. Für Nerven- und Gemütskranke, Morphiumentziehung. Dirigier. Arzt: Dr. *Jastrowitz*, Sprechstunde 11—12 Uhr.

Schöneck am Vierwaldstättersee, Schweiz.

Wasserheilanstalt. Besitzer: *C. Borsinger*. Arzt: Dr. *Wunderlich*. Für Nervenkrankheiten.

Schönenberg, Ktn. Zürich, Schweiz.

Heilanstalt des Dr. *Hefs* für einige ruhige Geisteskranke oder körperlich Kranke.

Schöne, ruhige Lage, 680 Meter. Freundliches Familienleben. Mäfsige Preise.

Schorndorf in Württemberg.

Irren-Anstalt Schorndorf. Besitzer: *Paul Haas*. Arzt: Dr. *Mayer*.

Schreiberhau in Schlesien.

Rettungshaus, Idioten-Anstalt. Inspektor: *Fritz Gerhardt*.

Schweizermühle bei Königstein i. Sachs.

Wasserheilanstalt. Besitzer: *W. Schröder*. Arzt: Dr. *Meyerhausen*.

Bad Schweizermühle im schönsten Teile der Sächsischen Schweiz. Altrenommierte Wasserheilanstalt. Gegründet 1839. Gleichzeitig klimatischer und Terrainkurort. Saison beginnt 1. Mai. Besitzer: W. Schröder. Arzt: Dr. Meyerhausen.

Seehof bei Berlin.

Kurhaus Seehof. Leitender Arzt: Dr. med. *Geifseler*. Besitzer: *Armand M. Lamm*. Wasserheilanstalt. Für Nervenkranke, Frauenkrankheiten, Orthopädie und Erholungsbedürftige.

Kurhaus Seehof, Post Teltow (30 Min. Fahrzeit via Liehterfelde, Anh. Bahn). — Leitender Arzt: Dr. med. Geifseler. (Besitzer: Armand M. Lamm.) Wasser-Heilanstalt, Sanatorium für Erholungsbedürftige und Rekonvalescenten. Sämtl. mediz. Bäder; als alleinige Spezialität für Berlin und Provinz Brandenburg: garantiert eehte Franzensbader Eisenmineral - Moorbäder (Einrichtungen wie in Franzensbad, Elster etc.); Seebäder. Elektrizität und Massage. Medikomechan. Inst. Mineralwässer, Mileh, Molken, Kefyr. — Gelegenheit zum Gebrauch aller modernen Kurmittel.

Vorzügl. staubfreie Luft, friedliche Lage und echt ländlicher Charakter trotz der Nähe Berlins. Zimmer einschl. voller Verpflegung u. aller gewöhnl. Bäder pro Woehe 35—45 Mk.

Pensionat für Fremde, welehe Berliner Spezialisten konsultieren, aber aufserhalb Berlins wohnen wollen.

Das ganze Jahr geöffnet.

Siegmar bei Chemnitz.

Anstalt «Eben-Ezer». Besitzerin: Frau *Johanna verw. Lauckner*. Für Idiotische und Gemütskranke.

Die Anstalt, anmutig auf einer sanften Anhöhe gelegen, inmitten herrlicher Gefilde, nahe am Walde, mit eigenem Feld und Ökonomie, ist nur 5 Minuten von der Bahnstation Siegmar entfernt und steht unter der Aufsicht des Herrn

Sigmaringen.

Wasserheilanstalt «Bad Donauthal». Ärztlicher Leiter: Dr. *Siebenrock*.

Sigmaringen. Knotenpunkt der Eisenbahnen Stuttgart, Ulm und Konstanz. Kneipp'sche Wasserkur-Anstalt. Bade-Arzt im Hause. Besitzer: J. Hollermayer.

Sommerstein bei Saalfeld in Thüringen.

Diätetisches Kurbad. Besitzer u. Leiter: *Ferd. Liskow*. Arzt: Dr. *Dressler*. Für chirurgische Krankheiten und Schwächezustände.

Sommerstein ist eine Pflegestätte Schroth'scher Regenerations- und Restaurationskuren nach den vervollkommneten Methoden Schroth-Liskow, Steinbacher und von Düring. Es finden alle bewährten diätetisch-physikalischen Heilfaktoren der Neuzeit individuelle Anwendung (auch die Kneipp'sche Wasserkur.) Heilerfolge in den meisten chron. Krankheitsfällen, sowie bei Nervenleiden und Schwächezuständen. Bekannt sind besonders die schnellen Erfolge bei Kartarrhen, Gicht, Haut- und Geschlechtsleiden, Fettsucht, bei Bluterkrankungen und Stockungen, auch Blutvergiftungen und Schwächezuständen. — Sommerstein ist Sommer und Winter gut besucht.

Sonneberg in Thüringen.

Wasserheilanstalt Sonneberg. Besitzer: San.-Rat Dr. *Richter*. Für Nervenkranke.

Spiez am Thunersee, Schweiz.

Heilanstalt Mariahalden. Besitzer: Dr. med. *Mützenberg-Escher*. Für Nerven- und Gemütskranke.

Stammheim, Schweiz.

Krankenasyl Stammheim. Besitzer: Dr. *von Orelli*. Für Nerven- und Geisteskrankheiten.

Steglitz bei Berlin.

1. Privatheilanstalt für Geistes- und Gemütskranke, Ecke Berliner- und Viktoriastr. Besitzer: Dr. *James Fraenkel* und Dr. *Albert Oliven*.
2. Dr. *Menthe*'s Heil- und Pflegeanstalt für Nerven- und Gemütskranke. Morphiumentziehung.

Stetten in Württemberg.

Heil- und Pflegeanstalt für Schwachsinnige und Epileptische. Vorsteher: Pfarrer *Schall*, Dr. med. *Habermaas*, Verwalter: *Bräuninger*.

Stettin.

1. Dr. *Harder*'s Augenheilanstalt, Kleine Domstrafse 25.
2. Privat-Frauenklinik de Dr. *Landsberg*, Moltkestr. 7.
3. Dr. *Pufahl*'s Augenheilanstalt, Grosse Wollweberstr. 46.
   1. Für Verpflegung, Wohnung, Wartung und Licht wird I. Kl. 6 Mk., II. Kl. 4 Mk. pro Tag berechnet.
   2. Das ärztliche Honorar beträgt I. Kl. 20 Mk., II. Kl. 15 Mk. wöchentlich, Operationen nach Vereinbarung.
      Getränke werden II. Kl. extra berechnet.

Stuer (Bahn Pritzwalk—Güstrow).

Heilanstalt von *G. Bardey*. Wasserkur, Gymnastik, Massage, Diät. Für Rheumatismus, chronische Nervenleiden, Bleichsucht, Brust- und Nierenleiden etc.

Stuttgart.

1. Privat-Augenheilanstalt des Dr. *Königshöfer*, Johannesstr. 23.
2. Dr. *H. Köstlin's* chirurgische Privatklinik, Silberbrugstr. 143.
3. Orthopädisch-heilgymnastische Anstalt des Med.-Rat Dr. *A. Roth*, Alexanderstr. 35. Für Verkrümmungen, Gelenksleiden, Lähmungen etc.
4. Privat-Augenheilanstalt des Prof. Dr. *Schleich*, Uhlandstr. 16a.
5. Chirurgische Privatklinik des Dr. *Steinthal*, Johannesstr. 9b. Für chirurgisch-gynäkologische Krankheiten.
6. Privat-Frauenklinik des Dr. *G. Walcher*, Seestrafse 44.
7. Chirurgische Privatklinik von Dr. *Albert Zeller*. Für chirurgische und operative Frauenkrankheiten.

Bad Suderode am Harz.

Kur- und Wasserheilanstalt, Sanatorium für Nervenkranke und Rekonvalescenten. Besitzer: Dr. *Fr. Pelizaeus*.

Kur- und Wasserheilanstalt Bad Suderode am Harz. Im Frühjahr 1890 eröffnet und aufs beste und zweckmäfsigste eingerichtet. Prachtvolle Lage in dem bekannten Luftkurort unmittelbar am herrlichsten Hochwald.

Sommer- und Winterkur. Dirigierender Arzt: Dr. Pelizaeus, früher in Elgersburg und Kreischa.

Taarstedt bei Schleswig.

Privatheilanstalt für nerven- und gemütskranke Damen. Besitzer: Dr. med. *de la Motte*. Gut empfohlenes Institut, beschränkte Krankenzahl, familiärer Anschlufs.

Bad Teinach im Schwarzwald.

Heilanstalt Villa Wilhelmshöhe. Besitzer: Dr. med. *W. Wurm*. Für Blutarmut, Katarrhe, Nervenleiden, Frauenkrankheiten; Geisteskranke und Epileptische ausgeschlossen.

Eisen- und Natronsäuerlinge, Mineralbäder, Wasserheilverfahren, Elektrizität etc. Diätetische Kuren; Haushaltungsschule vom 1. März bis 1. Juli; Rekonvalescenten-Station. Preisermäfsigung bei längerem Aufenthalt.

Telgte bei Münster in Westf.

St. Rochus-Hospital, im Besitz des Ordens des hl. Franziskus. Heil- und Pflegeanstalt für weibl. Geisteskranke. Verwalter: Vikar *Radhoff*. Arzt: Dr. *Verth*.

Thalkirchen bei München.

Wasserheil- und diätetische Anstalt. Besitzer und ärztl. Leiter: Dr. *V. Stammler*. Für Nerven-, Unterleibs- u. rheumatische Leiden. Morphiumsucht.

Tharandt bei Dresden.

Villa Sanitas, Kurhaus für Nervenkranke und Erholungsbedürftige. Dirigier. Arzt: Dr. *J. Haupt*.

Thorn.
Dr. *Szuman*'s chirurgische Privatheilanstalt. Für chirurg. und gynäkolog. Krankheiten. Aufnahmebedingungen: I. Kl. 50 Mk., II. Kl. 20 Mk. per Woche für vollständige Pension nebst den nötigen ärztlichen Besuchen.

Triberg im Schwarzwald.
Heilanstalt für nervenkranke Damen. Besitzer: Dr. med. *Leyser*. Für Nervenkrankheiten mit Ausschlufs von Geisteskrankheiten.

Ulm.
Augenheilanstalt von Dr. *Friedrich Kauffmann*, Bahnhofstrasse.

Urach in Württemberg.
1. Heilanstalt der Frau Wwe. *Borst*. Arzt: Dr. *Camerer*. Für Gicht, Zucker, Korpulenz, Nieren- und Herzkrankheiten.

2. Dr. *Klüpfel*'s Pension und Sanatorium für Nervenleiden.
Zahl der Betten 15. Pensionspreis 5—6 Mk. Wald und Gebirgsgegend; grofser Garten und Gartensaal, Einrichtung für Wannen-, Dusche- und elektrische Bäder; Massage; Heilgymnastik; Geigel's pneumatischer Apparat.

Waldau in der Oberlausitz.
Privat-Krankenanstalt des Dr. *A. Härtelt*. Für Krankheiten aller Art.

Weifser Hirsch bei Dresden.
Dr. *Lahmann*'s Sanatorium. Naturheilanstalt. Für alle Erkrankungen der Atmungsorgane, des Nervensystems, Unterleibs etc.

Wernigerode am Harz.

1. Kuranstalt für Nervenkranke, im Mühlenthal bei Wernigerode. Besitzer: Dr. *Bornemann*. Für Morphiumsucht und Nervenkrankheiten. Mit Separatabteilung für Morphium-Kranke (modifiziert langsame Entziehung). Prospekte auf Wunsch.

2. Wasserheilanstalt Nöschenrode bei Wernigerode. Besitzer: Dr. *Wichmann*. Für Nervenleiden und Rekonvalescenten.

Wien.

Heilanstalt für Sprachkranke. Eigentümer und Leiter: Dr. med. *Rafael Coën*, I. Wipplingerstr. 26.

In dieser seit 18 Jahren in Wien bestehenden Privatheilanstalt werden mit S t o t t e r n, S t a m m e l n, S p r a c h l o s i g k e i t und sonstigen S p r e c h g e b r e c h e n behaftete Personen nach e i g e n e r, auf den neuesten Errungenschaften der Heilkunde ruhender Methode mit bestem Erfolge behandelt. Prospekte kostenlos von der Anstalt.

Wiesbaden.

1. Hotel und Badhaus zum Adler. Besitzer: *Wolfgang Büdingen*. Für Rheumatismus, Gicht, Magen- und Halsleiden.

Altrenommiertes Hotel und Badhaus 1. Ranges, mit allem Komfort ausgestattet. Eigene Thermalquelle «Adlerquelle» 52" R. — Bäder in Einzelzellen, Douchen, Brausen etc. und Trinkkur im Hause. Eingerichtet für Winterkur. Das ganze Haus im Winter erwärmt. — Vorzügliche Verpflegung, mäfsige Preise. 4½ Morgen Garten ums Haus.

2. Kuranstalt Lindenhof. Ärzte: Dr. *Brauns* u. Dr. *Cuntz*. Für chronische Krankheiten jeder Art, besonders Nervenleiden.

3. Dr. *Damm's* Sanatorium. Für alle chronischen Krankheiten.

4. Adolfshöhe bei Wiesbaden. Besitzer: Dr. med. *Kaphengst*. Für Nervenleidende u. Gemütskranke.

5. Wasserheilanstalt Nerothal. Arzt: Dr. *Lehr*.

6. Frauenklinik, Viktoriastr. 11. Besitzer: Dr. *O. Michelsen*.

7. Heilanstalt des Dr. *Constantin Schmidt*, Sonnenbergerstrafse 43. Speziell für Morphiumkrankheit, Cocainismus und Schlaflosigkeit.

Die Anstalt, schon seit Jahren gegründet, genügt, was sowohl Lage wie Einrichtung betrifft, den höchsten Ansprüchen. Hier ist den armen Morphiumkranken geboten, unter Pflege und Behandlung eines S p e z i a l i s t e n ihre Kur zu machen, und ist durch diese Spezial-Heilanstalt manchem Übelstande abgeholfen.

Pensionspreis wöchentlich 50—100 Mk., je nach dem Zimmer; die Anstalt ist das ganze Jahr geöffnet.

8. Orthopädische, heilgymnastische und Massageanstalt. Besitzer Dr. *F. Staffel*.

Wiesenbad im Erzgebirge.

Dr. *Max Böhm's* Naturheilanstalt und Kurbad. Für das gesamte Heilgebiet.

Wilhelmsdorf in Württemberg.

Taubstummen-Anstalten für normalbegabte und schwachsinnige Zöglinge. Direktor: *J. Ziegler*.

Wilhelmshöhe bei Kassel.

1. Kur- und Wasserheilanstalt. Dirigier. Arzt: Dr. *Greveler*. Für Nerven- und Rückenmarks-Krankheiten, Rheumatismus, Gicht etc.

2. Dr. *Wiederhold*'s Kuranstalt, das ganze Jahr geöffnet. Für Neurosen, Erschöpfungszustände, Arzneimifsbrauch, Ernährungsstörungen, verzögerte Rekonvalescenz.

Die seit 1877 bestehende Anstalt ist Sommer wie Winter geöffnet und besucht. Ausgeschlossen von der Aufnahme sind Geisteskranke, Epileptische und schwere Lungenerkrankungen.

Wilmersdorf bei Berlin.

Krankenanstalt für unheilbare Geisteskranke. Besitzer: *R. Wegener*. Arzt: Dr. *Grochtmann*. Für Unheilbare beiderlei Geschlechts.

Winnenden in Württemberg.

Taubstummenanstalt «Paulinenpflege» und Taubstummenasyl für ältere Taubstumme. Inspektor: *Faulhaber*.

Wolfsanger bei Kassel.

Wasserheilanstalt mit elektrischen Bädern und pneumatischen Apparaten. Besitzer: *Giesberg*. Arzt: Dr. *Brenfsel*. Nerven- und Brustleiden, Rheumatismus etc.

Würzburg.

Chirurgisch-orthopädische Privatklinik des Dr. *Hoffa*; zugleich Anstalt für Massage und Heilgymnastik.

Wyk auf Föhr.

Seehospiz für kranke Kinder. Im Sommer geöffnet vom 1. Juni ab. Anmeldungen sind zu richten an Herrn Dr. *Gerber* in Wyk.

Ziegenhals, unweit Neifse.

Wasserheilanstalt «Ferdinandsbad» bei Ziegenhals. Besitzer: *R. Kober*. Arzt: Dr. *Florian*. Für Nervenleiden, Verdauungsstörungen, Hautkrankheiten. Die Anstalt liegt in prächtiger, geschützter Lage, am Fufse des Holzberges, in unmittelbarer Nähe des schönsten Hochwaldes. Dieselbe besitzt alle den Anforderungen der Neuzeit entsprechenden Badeeinrichtungen für Kaltwasserkuren; Kastendampfbäder, Zusatzbäder, Kiefernadelbäder, faradische und galvanische Elektrizität, Massage etc.

Zittau.

Augenheilanstalt des Dr. *Rückert*.

Privatanstalt mit Unterstützung aus öffentlichen Kassen. Pensionspreis für Krankenkassen 1,50 Mk., II. Kl. 2 Mk., I. Kl. 5 Mk.

Zoppot bei Danzig.

Seehospiz für kranke Kinder. Im Sommer geöffnet vom 15. Juni ab. Anmeldungen sind zu richten an Herrn San.-Rat Dr. *Semon* in Danzig.

Pensionspreis 10 Mk. (für Bemitteltere 15 Mk.) pro Woche. Prospekte gratis.

Zürich.

1. Orthopädisches Institut von Dr. *A. Lüning* und Dr. *W. Schulthefs*. Für Rückgratsverkrümmungen, Lähmungen etc.

2. Schweizerische Anstalt für Epileptische in Riesbach bei Zürich; Direktor: *F. Koelle*; Arzt: Dr. *A. v. Schulthefs-Rechberg*.

3. Kinderspital (Eleonorenstiftung) in Hottingen bei Zürich. Leiter der Anstalt: Prof. Dr. *Osc. Wyss* und Dr. *W. v. Muralt*.

4. Dr. Wiel'sche diätetische Spezialanstalt für Magen- und Darmkranke in Zürich, nahe dem Bahnhof Enge. Unter ärztlicher Leitung von Dr. *Incichen*.

Unter gleicher ärztlicher Leitung steht auch die Anstalt auf Belvoir Nidelbad bei Rüschlikon. Beide Anstalten liegen in schönster Lage am Zürichsee. Heilmethode: Diät, Magen- und Darmspülungen, Elektrizität, Gymnastik, Massage, hydriatische Prozeduren und Medikamente.

Verlag von Albert Goldschmidt, Berlin W., Köthenerstr. 32.

Griebens Reise-Bibliothek, Band 17:

Die

Brunnen- und Bade-Orte,

Wasserheilanstalten und klimatischen Kurorte

Deutschlands, Österreich-Ungarns, Belgiens, Hollands, der Schweiz etc.

Vierzehnte Auflage.

Nach offiziellen Quellen neu bearbeitet.

Mit einer Reisekarte von Mittel-Europa.

Preis 2 Mk. 50 Pf.

Griebens Reise-Bibliothek, Band 55:

Die

Ost- und Nordsee-Bäder.

Praktischer Wegweiser.

Vierte Auflage,

mit zwei neuen Karten:

die Ostsee; die Nordsee.

Preis 1 Mk. 50 Pf.

Verlag von Albert Goldschmidt, Berlin W.

Anleitung
zum
Zimmerturnen
für
Kurgäste, Rekonvalescenten, aber auch für Gesunde
von
Dr. J. Nitsche,
Kgl. Preuſs. Stabsarzt a. D., Fürstl. Pleſs'scher Brunnenarzt in Salzbrunn.
Mit Illustrationen. Preis 60 Pf.

„Ein recht praktisches, durch prägnante Kürze ausgezeichnetes Büchlein. Nach kurz gehaltener Einleitung über die Funktionen der Körperorgane und speziell der Muskeln giebt der Verfasser in drei Abteilungen eine Auswahl von zweckmäſsigen und gut gewählten Zimmerturnübungen. Die erste Gruppe umfaſst Übungen, welche ganz leicht sind und keine Anstrengung erfordern, die zweite solche mit mäſsiger Anstrengung, und die dritte Übungen für Kräftige. Dabei sind ganz besonders die Bewegungen bezeichnet, welche geeignet sind, **kräftige Entwicklung einer schwachen Brust** zu erzielen, und ebenso diejenigen, welche für manchen **mit Fettleibigkeit und träger Verdauung passen.** Das Büchlein ist sowohl Ärzten als Patienten zu empfehlen."
(Schlesische Zeitung.)

— — „Das Büchlein will unmittelbar praktisch wirken und wird Bade- und Kurgästen, zur Sommerfrische Reisenden, Rekonvalescenten und Anfängern, eine wirksame und erfreuliche Stütze und sicherer Führer sein, um manche sonst nutzlos verbrachte Stunden in sich selber belohnender, erfrischender Thätigkeit hinzubringen." **(Frankfurter Journal.)**

Das Buch ist durch alle Buchhandlungen zu beziehen, auch versendet dasselbe gegen Einsendung des Betrages in Briefmarken franko
Die Verlagsbuchhandlung von Albert Goldschmidt,
Berlin W., Köthenerstr. 32.

Verlag von Albert Goldschmidt, Berlin W., Köthenerstr. 32.

Zu Festgeschenken wird empfohlen:

Trug-Gold.

Erzählung aus dem 17. Jahrhundert

von

Rudolf Baumbach.

Illustrirte Pracht-Ausgabe

mit vielen in den Text gedruckten Illustrationen von Ph. Grot Johann. Prachtvoller Original-Einband.

Preis 30 Mark.

Miniatur-Ausgabe

in Originalband mit Goldschnitt.

Preis 6 Mark.

Zu beziehen durch alle Buchhandlungen.

Verlag von Albert Goldschmidt, Berlin W., Köthenerstrasse 32.

Verlag von Albert Goldschmidt, Berlin W., Köthenerstr. 32.

Goldschmidts Unterhaltungs-Bibliothek.

Auswahl

fesselnder Romane und Novellen zur Lektüre für die Reise und den Aufenthalt in Bädern und Sommerfrischen.

Neu erschienene Bände:

F. Arnefeldt, Die Erben. 1 M. (Gebunden 1 M. 50 Pf.)
V. Blüthgen, Der Preusse. 1 M. (Elegant gebunden mit Goldschnitt 2 M.)
J. Boy-Ed, Masken. 50 Pf. (Gebunden 75 Pf.)
E. H. v. Dedenroth, Für Sie! 50 Pf.
A. v. Gersdorff, Die Herrin von Schönwerth. 50 Pf. (Geb. 75 Pf.
F. Gerstäcker, Irrfahrten. 50 Pf. (Gebunden 1 M.)
O. Girndt, Romanhaft. 50 Pf. (Gebunden 75 Pf.)
Cl. v. Glümer, Auf Hohenmoor. 50 Pf. (Gebunden 75 Pf.)
E. A. König, Die Erbin von Saldern. 1 M. 50 Pf. (Geb. 2 M.)
— Alle Schuld rächt sich. 1 M. 50 Pf.
J. Niemann, Die Kehrseite der Medaille. 1 M. (Geb. 1 M. 50 Pf.)
F. L. Reimar, Gelöste Bande. 50 Pf. (Gebunden 75 Pf.)
— Auf eigenen Füssen. 50 Pf. (Gebunden 75 Pf.)
M. Ring, Das verkaufte Herz. 1 M.
M. v. Schlägel, Zweierlei Tuch. 50 Pf.
L. Schücking, In dunkler Nacht. 50 Pf. (Gebunden 75 Pf.)
— Ein Kulturkämpfer. 50 Pf.
Gräfin Schwerin, Irrwege. 1 M. (Gebunden 1 M. 50 Pf.)
— Der ist es. 50 Pf.
K. Sommer, In Hass erstarrt. 50 Pf. (Gebunden 75 Pf.)
H. Stökl, Hell und Dunkel. 50 Pf. (Gebunden 75 Pf.)
K. Telmann, Am Scheidewege. 50 Pf. (Gebunden 75 Pf.)
— Nach Jahr und Tag. 50 Pf. (Gebunden 75 Pf.)
H. Wachenhusen, Gabriele. 50 Pf. (Gebunden 75 Pf.)
E. v. Waldow, Durch Nacht zum Licht. 50 Pf. (Geb. 75 Pf.)
G. Walter, Zu Zweien. 50 Pf. (Gebunden 75 Pf.)
E. Wichert, Der Sohn seines Vaters. 1 M. (Elegant gebunden mit Goldschnitt 2 M.)
M. Widdern, Die Waldkönigin. 50 Pf.
B. W. Zell, Nachbarskinder. 1 M. 50 Pf. (Gebunden 2 M.)

Zu beziehen durch alle Sortiments- und Bahnhofs-Buchhandlungen, auch aus der Verlagshandlung:

Albert Goldschmidt,
Berlin W., Köthenerstrasse 32.